DO
.com世代的生活便利情報指南

Milly的巴黎日常

Milly—著

CONTENTS

前言一完全巴黎旅行 6

- 巴黎六回目 6
- 再遊巴黎的大人視野 8
- 盤算與行動 8
- 四人行，行不行？ 10
- 巴黎哪區安全？哪區不安全？ 12
- 走出自己的巴黎私路徑 13
- 衡量 Hotel 的堅持度 14
- 旅行的開端要舒適 16

Chapter 1 春天巴黎小旅行 19

- Bonjour 巴黎 20
- 以右岸歌劇院為中心的巴黎路徑 22
- 名店雲集的 Rue Saint-Honoré 24
- 在 Coup d'Etat 吃巴黎假期的第一份可頌 26
- Oh mon Cake !! 甜品真可愛 28
- 隱身在日本街內的新世代咖啡屋 Télescope 30
- 手感白釉陶器 Astier de Villatte 32
- 百年咖啡豆專賣店 Verlet 34
- 橘園美術館 Le Musée de l'Orangerie 38
- 在 Atelier Cologne 的主張下完成獨特香氣禮物 40
- 季節、時令不宜逆向 42
- 不對季節的生蠔餐？ 44
- 找出自己跟羅浮宮的親密關係 46
- 預約旅行中的美味時間 50

Chapter 2 嶄新的一天 55
- 在 CLAUS 的清新中享用悠閒度假早午餐 56
- 回憶的、朝聖的咖啡 Le Café Marly 60
- 自信是巴黎最好喝咖啡屋的 Coutume Café 64
- 巴黎最資深的有機市集 Marché Biologique Raspail 68
- 週日限定、期間限定 70
- 週日不去香榭大道，就去瑪黑區吧 72
- 薔薇街的猶太袋餅 78
- 讓人克制不了衝動的 L'ÉCLAIR DE GÉNIE 閃電泡芙 80
- 愉悅下奮發享用的五星飯店美食 82

Chapter 3 大人的巴黎旅行 89
- 四個女子各自節奏的早晨 90
- 有機麵包屋 Bread & Roses 的早餐 94
- 巴黎最美麗的私密小徑 La Village Royal 96
- 巴黎最濃郁的新鮮果汁品牌 Alain Milliat 98
- 橄欖油後的醬油香 100
- PAUL 麵包屋在巴黎很平民 104
- 可以眺望巴黎鐵塔的十六世紀日租公寓 La Maison Saint Germain 106
- 氣勢與品質兼具的 La Grande Épicerie de Paris 食品館 112
- Rose Bakery 大喜歡 114

Chapter 4 不同的幸福另一天 117
- 距離房間三分鐘的花神、雙叟幸福早餐 118
- 奧賽美術館大鐘內的咖啡屋 124
- 巴黎小酒館 Terroir Parisien 的美味午餐 128
- 當日本遇上巴黎 132
- 如天使般溫柔的 Pâtisserie Ciel 戚風蛋糕 134
- 西堤島上的聖母院背後和聖路易島的雨天 136

Chapter 5 清新小巴黎 141

- 不要放棄清晨在十六世紀殘影下的街道散步 142
- Ladurée 的小圓餅媚惑 144
- 帶著甜蜜的幸福感走在巴黎的路上 148
  Miss Cupcake 149
  La Tarte Tropéziennne 150
  Meert 151
  La Pâtisserie 152
  Aux Merveilleux de Fred 153
- 一間廚房讓旅行想法大不同 154
- 在旅途中準備一碗小熊也愛的熱湯 156
- 最愛的巴黎時尚食品雜貨店 Causses 158
- 在 Boco 外帶米其林美食 160

Chapter 6 瑪黑區的四天三夜 163

- 於是、最喜歡還是北瑪黑 164
- 謝謝、MERCI 166
- Auberge Flora 的女主廚早餐 170
- 理想法國料理形式的 Beaucoup 172
- 在 Breizh Café 吃美味的本場蕎麥餅 174
- 傳統貫碌氣勢的 CARETTE 178
- 連睡鼠都著迷的 Le Loir dans la Théière 180
- 在尊榮氛圍中品味 Mariage Frères Salon de Thé 紅茶 182
- 將巴黎的茶香帶回家 184
- 巴黎如微風存在的新氣息 188
- 北歐氣息的 The Broken Arm 咖啡屋 190
- 健康志向最高的 Café Pinson 192
- Rose Bakery 販售有機和生活態度 194

Chapter 7 各自精采各自美好 197

- 以鄉村大麵包人氣的 Poilâne Cuisine de Bar 198
- 重回愛蜜莉的憧憬世界 200
- 時尚風情的型男麵包屋 Gontran Cherrier 202
- 巴黎 BOBO 族的消費聖地 204
- 清新健康的 KB Café 206
- 因躲雨而邂逅 Le Pain Quotidien 208
- Popelini 戴著帽子的小泡芙 210
- 循著麵包、咖啡香探訪愛蜜莉運河風景 212
- 創造自己奇蹟的小麵包屋 134 r.d.t. 214
- 在 Hôtel du Nord 故事中喝杯濃醇咖啡 216
- 國寶級店舖的麵包屋 Du Pain et Des Idées 218
- 巴黎最後的夜晚，以美味畫下美好句點 220

從長巷這端看去悠然的巴黎鐵塔 223

前言——
完全巴黎旅行

巴黎六回目

並非初次旅行巴黎，所謂「浪漫花都」巴黎的幻想早不存在。已然有五次巴黎旅程體驗，即便稱不上熟悉，五次畢竟還是五次。那麼再遊巴黎的動機是因何而起？其實不過是些許容易打發的小遺憾。

在一次整理旅行文字時，赫然發現前後去過五次巴黎，留存的影像卻寥寥無幾。

第一次前往巴黎是背包客形式，當時拍下的照片不多且多已泛黃。

第二次、第三次的巴黎是外景拍攝工作，沒有過多的私人時間，職責所在也不能放縱拍照。

第四次是四個女子的南法科西嘉旅行，只是利用轉機前的

十多個小時空檔小遊巴黎，在瑪黑區午餐、聖馬丁運河邊喝咖啡，時間不多但心情是餘裕的，可惜依然沒能留下照片，因為那趟旅行 Milly 壓根忘了帶相機。

第五次的巴黎旅行，終於是完全的巴黎旅行。

那是看見網路聖誕假期前淡季「五天四夜機加酒三萬五自由行」大優惠後的臨時起意，不但如此，還將好康分享同事，連同 Milly 四人一起跟團出發。

機場來回有巴士接送，Hotel 是熟悉的「Holiday Inn」含早餐。只是沒料到 Hotel 坐落位置偏離市區，晚上回來要經過一段黑暗住宅區。對於團進團出的旅遊團來說問題不大，自由行的單獨行動就難免危險。

實際上，同團的有人相機腳架被搶、搭地鐵險些被扒。

同事更在夜歸路上被突襲搶走皮包，金錢損失還好，但精神衝擊卻是很大。

之後跟同房同事都會一起出門，白天各自行動但相約吃晚餐地方，吃了晚飯再一起回到住宿 Hotel。十二月的巴黎天黑得早、天亮得晚，行動力大大受到限制。這也讓 Milly 日後旅行歐洲時，特別在乎季節、月份，不為預算遷就冬日淡季，一定選擇日照較長的月份出遊。

不過即使是充滿震撼的自由行旅途，Milly 還是在一個人的探險散步中，拍下了很多好天氣下的巴黎風景。回國時翻看那些美麗照片，都能憶起每段散步時的好心情。

可是！！！這些照片居然在請表弟維修電腦時全數遺失。圖檔消失記憶猶存，只是沒有圖檔的記憶充滿動搖氣氛。

於是在距離上一次巴黎旅行的十年後決定重返巴黎，重新拼湊曾經擁有的美好風景，讓回憶得以用完整的模式留存下來。

這就是此次春天巴黎小旅行的最原始動機。

再遊巴黎的大人視野

前往巴黎的動機確立後決定加入「進階」挑戰，畢竟是闊別十年的重遊。想去嘗試不同巴黎路徑的企圖心很強，要從何處著手卻茫然。同時，說是要開始進入「大人的巴黎」旅行層次，又難免在「財力」、「氣度」上卻步。

正當琢磨不到方位時，一本日文情報誌經由學生出現面前：「Milly 老師，這次的巴黎專題好讚呢！」

才翻閱幾頁，眼前就彷彿一扇大窗敞開了，看去盡是悠然美好的風景。

原來除了歷史老舖的花神、雙叟咖啡，巴黎存在著跟世界咖啡技術無縫接軌的新世代咖啡店。原來除了可頌加上歐蕾的早餐，還有其他豐富的早午餐選擇。

原來除了使用鵝肝醬、松露的奢華法國餐，還有創意旺盛米其林年輕主廚的新食感料理。

這給了 Milly 提示，或許可同步去探訪所謂「巴黎的清新進行式」，不單單被「大人消費」給設限。

再次踏上巴黎這隱藏著迷惑的美麗城市，原本只是抱著類似「重新歸檔」的企圖，此時卻被如何去發現巴黎新魅力的好奇心，給搔弄得躍躍欲試。

多年來熱衷發現日本新魅力的 Milly，居然忘卻最懂得玩賞巴黎美好的不正是日本人！

跟著日本巴黎達人的腳步，去探索巴黎新風貌。未必需要照單全收，卻可視為信賴極高的提示。

盤算與行動

方向確立、行動開始。

預約了五月中旬出發的機票，五月日出在六點半、日落在八點前後，可活動的白晝已經充分。

平均氣溫在十六到二十一度間，雨量適中，晴天機率不低。如此適度避開旺季，機票、住宿依然可以控制在合理範圍內。

Hotel 預約則花了不少時間，取決的不單是價位還有安全性。

計畫巴黎旅行時，安全！不安全？！是不能不正面思考的問題，花樣巴黎卻是處處隱藏危機，的確是諷刺的。

當朋友聽見 Milly 要去巴黎旅行，反應幾乎都是「好好喔」、「好羨慕」，接著就是「可是要小心，錢財一定要收好」、「朋友親眼看見被扒現場」、「搭地鐵一定要小心」等等的警示。上網搜尋更是看見巴黎觀光客詐騙、盜竊等受難事件洋洋灑灑的分享文字。

歸納巴黎危機大致是，在地鐵上手機被扒、相機被扒、在地鐵門關上的瞬間皮包被搶奪、在路上被莫名的團體要求簽署捐款、在露天座優雅喝咖啡時有人問路，回神過來放在椅子上的皮包消失、在羅浮宮沉迷藝術品觀覽時錢包不見了、利用 ATM 提錢時被搶……等等。更匪夷所思的還有，搭乘計程車時車窗被敲破，搶走手上皮包、出了機場一閃神，行李就不見、放在 Hotel 的行李被割開等等惡行。雖說很掃興，可是在期待巴黎愉悅旅行的同時，這些負面情報同樣會排山倒海而來，的確影響著出發前的情緒。

Milly 甚至一度想放棄，心想乾脆不去巴黎算了，出去旅行何必將自己弄得緊張兮兮。

不過，最後的結論是：愉快出發、一切小心！

於是參考各種可能會發生的狀況，設定了以下巴黎小旅行出發前的提示：

- 簡化從機場進出市區的動線。
- Hotel 選擇在相對安全的區域。
- 活動範圍集中在住宿周邊。
- 減少地下鐵搭乘次數，時間充裕時盡可能利用巴士。
- Hotel 間的移動利用計程車。
- 選擇房間有保險櫃的 Hotel，身上盡量少帶現金，消費多利用刷卡。
- 相機等貴重物品放置在斜揹的貼身包包，口袋放些小額現金，減少開關皮包次數。

大原則是，即使預算相對增加，如果可以換取相對品質較好的旅行情緒，一切都是值得的。

四人行，行不行？

巴黎行初期是以一個人出發為設想，但是不排除朋友願意一起同行的可能性。

邀約多次跟著 Milly 同遊的好友，立刻回應要一起同行。

兩人同行不但安心些，Hotel 雙人房分擔費用也絕對比單人房經濟。

立刻針對較有個性的 Le Petit Hotel 進行搜尋，petit 是法文「小小」的意思，巴黎的 Le Petit Hotel 保有歐洲建築風情，是房間數較少的小規模旅館。

同時為了體驗巴黎古典風貌旅店和巴黎日常生活的微型住遊模式，也預約了靠近羅浮宮的星級飯店和備有廚房的公寓式 Hotel。

只是才完成了兩人行的 Hotel 預約，出發一個半月前朋友邀約了弟妹同行，兩人行變成三人行。三人行也不錯，雖說

必須放棄不能加床的 Le Petit Hotel 預約，但是雙人房多能在詢問後提供加床服務，大人的加床費用大約是五十到七十歐元不等，三人分擔的情況下，預算可以再壓下一些。

只是在出發前三星期，有十次以上巴黎進出經驗、在巴黎學過短期法文、在巴黎有定居學姐學妹可以支援的朋友緊急加入！原訂的 Hotel 計畫又是一番變動，但有這樣架式十足的巴黎通同行，動力倍增。

Milly、Sophia、JoJo 和 Tina，女子巴黎遊四人行正式成團，預算卻意外地沒有相對續降。

原來在巴黎預約住宿，三人似乎比四人來得划算。理由是三人同行可以預約雙人房然後加床，四人時則必須選擇兩間雙人房或是四人房。四人房比兩間雙人房便宜，但比雙人房加床後三人分擔的費用多些。此外最特殊的情況是，巴黎的計程車明明除了司機可以乘坐四人，司機卻有權力不給客人坐前座，也就是說計程車基本上是三人乘坐。

四人同行除非是請 Hotel 特別叫車或是司機通融，否則最壞的情況是四人必須分乘兩輛計程車，或是第四人必須多加三歐元才能乘坐，真是有個性和自我的巴黎人才會定下的規則。

不過不論是三人、四人，彼此能以大人氣度互相通融，才是旅途愉快的重點。

尤其是有了巴黎通朋友的戰力為後盾，讓一行人到達巴黎後沒有任何猶豫、遲疑，立刻進入巴黎旅行步調中，更是大大地感謝。

巴黎哪區安全？哪區不安全？

在巴黎旅行度假要先大致弄清楚 20 區到底是怎樣的感覺。

20 區的分布以 1 區（西堤島）為中央，之後隔著塞納河如蝸牛殼螺旋一樣，2 區、3 區、4 區往外擴張。

所謂幾區倒不是有很清楚的界線（圍牆？當然是沒有！），要辨識所在的區域是哪一區、消費的商店在哪一區，還是要以地址和大略的地圖來判定。

例如義大利餐廳「Fuxia」的地址是：42 Place du Marché-Saint-Honoré 75001 Paris，依地址區域號碼（75001）判斷，就是在 1 區。

而花神咖啡屋的地址是：172 Bouleverd Saint-Germain 75006 Paris，就是第 6 區（75006）。

依此類推，75011 是 11 區，75008 是 8 區，意外地簡單。

此次不會踏遍巴黎 20 區，有危險疑慮、治安不確定的地方，更是能不去就一定不去。

以謹慎為前提的規劃是，分別選擇貼近 8 區、9 區的 Hotel、花神咖啡屋旁的 6 區公寓和位在 11 區有附設廚房的商務旅店。

擁有巴士底廣場的11區在安全度風評上不高，可是判定即使Hotel地址顯示位在11區，坐落位置卻極為貼近治安相對良好的3、4區，最後還是選擇相信，不去更動計畫。

話說，哪一區較不安全？最直接的判斷是愈北就愈不安全。

傳聞10區Boulevard de Bonne-Nouvelle周邊、11區批發市場附近、18區蒙馬特南邊和Boulevard de Clichy以北蒙馬特以東區域，都習慣被認定是不安全區域。

甚至還有人在網站上鐵口直斷說，10、12、18、19、20區最好排除在旅行路徑之外，真要前往也要盡量選擇在白天。

13區是唐人區，要去判定安不安全很微妙，Milly曾經在前次旅行時來到這區換過外幣、吃過好吃的越南河粉。9區有歌劇院景點，是觀光客必經區域，可是9區上半部靠近18區的地方，在地人不推薦貿然前往。人潮複雜的轉運車站（特別是北站Gare du Nord），要避免在過早或是過晚的時段進出。Les Halles地鐵站周邊，白天氣氛還不錯，晚上也要留心。

其實不論在什麼國家，女子出遊都該盡量避免入夜後落單，深夜返回住宿地方時盡可能不要利用地鐵，有的朋友會選擇乾脆天黑後就不出去，的確不失為安心方式。但是因此錯失了享用美味晚餐的機會未免可惜，因此會建議兩、三人同行用餐後，必要時可請餐廳代為叫計程車返回。

走出自己的巴黎私路徑

巴黎其實比東京小，常去東京的人甚至可以用「東京山手線圈內」來體會巴黎的大小。

同時，巴黎地鐵站和地鐵站之間距離不大，很多情況下，地鐵站不過間距十分鐘不到的步行距離，如果體力許可的話，與其頻繁地出入地鐵站，不如以散步的節奏排定路線。

將想去探訪的咖啡屋、餐廳、建築等標出後就沿路走走停停，途中發現風味小道有時也會偏離主路線探險去。大範圍的移動依然會適時利用地鐵，同時會積極嘗試搭乘巴士路線，透過車窗瀏覽風景。

正因不打算過於依賴大眾交通工具也沒去郊區的計畫，於是八天巴黎假期沒有選擇購買 Mobilis 一日券，或是外國旅客專用的 Paris Visite 等一日～三日券，而是在第一天購買了十張一組 13.7 歐元的 Ticket t 回數票（所謂的 Carnet）。

回數票平均一張是 1.37 歐元，可以搭乘巴士、地鐵（Metro）和輕鐵（RER、近郊高速國鐵）。單張購買地鐵票是 1.7 歐元，搭乘巴士時跟司機買票則是 2 歐元，明顯買回數票划算很多。（八天內 Milly 買過一次十張的回數票，加上跟朋友分了五張回數票，花在大眾工具交通的費用大約是 20.55 歐元。）

然後，不能大聲宣示畢竟有些羞愧，因為即使巴黎市內分布著眾多歷史悠久、收藏豐盛的博物館、美術館，Milly 卻只打算去羅浮宮和奧賽美術館。自認沒有足夠的藝術鑑賞能力，與其只是走馬看花，更想珍惜時間去探索風味的巴黎小道。

塞納河遊船之前體驗過就好、聖母院登上過頂端一次就好、凡爾賽宮被那華麗震撼過一回已經足夠……理由藉口一堆（笑），不就是想去更多的咖啡屋、發掘更多巴黎私路徑、吃喝更多巴黎的美食、美酒。

衡量 Hotel 的堅持度

為了讓巴黎都會的散步路線順暢，減少大範圍的交通移動，Hotel 投宿區域一開始就認定要分別在羅浮宮周邊、接近塞納河的左岸、瑪黑區等三個據點上。

Hotel 坐落位置必須是治安良好，同時接近地鐵站，樣式則期望分別是「設計風 Hotel」、「巴黎風貌公寓」、「有簡易廚房的國際連鎖 Hotel」。

原本第一期望是住宿在更有住家感覺的私宅，瀏覽了由本地人提供短租住宿的「Airbnb」（環球旅居）預約平台，瞬間被其中數間質感裝潢住家給吸引，恨不得馬上就完成預約。

可是，對於用外文跟提供住宿房東聯繫的過程 Milly 卻沒有把握，也不太能承擔其中的誤差值，不想讓旅行有不能掌握的變數。

想住宿巴黎短期公寓的意願還是存在，只是改為利用有中文操作網頁、有中文諮詢通路的 Booking.com 全球訂房系統（同樣類似的系統還有 Agoda），以設定條件搜尋巴黎短期住宿公寓。

可是這時出現了幾種要去取捨的狀況，首先看起來很讚的公寓幾乎都已經沒有房間，即使 Milly 已經提前三個多月開始預約，似乎有更多人早在半年前已經開始旅行計畫。

接下來的困難點是，大部分公寓沒有主人在屋內（更別說工作人員），有時必須來到管理公司或是跟屋主約定 Check in 時間，完成短期租約文件簽署。而且愈是品質好的公寓預付的押金就愈高，甚或有兩晚就需要 500 歐元～ 700 歐元的情形。

如此排除預約條件過於複雜化的選擇，剩下的是還算接近理想、公寓有管理人員於固定時間進駐、同時無需押金的公寓式 Hotel。

本以為這樣去除了各種不確認因素，預約就可從此順利進行，誰知又出現「預約時同時付款」、「取消預約不收費用」、「住宿前兩日才扣款」的抉擇。

最划算的一定是預約同時付款，跟住宿時再付款的預約方案，差距甚至會超過兩百歐元以上。「愈早預約預早付費愈划算」，看來依舊是歐洲旅行時的定論。

可是一個人旅行還可以承擔變數，人數愈多變數也就愈多，因此 Milly 最終還是選擇了「住宿前兩天取消預約無需收取費用」的寬鬆訂房方案。

旅行的開端要舒適

亞洲國家前往巴黎，幾乎都是由位在巴黎市區東北方位置，距離市區二十五公里的戴高樂國際機場進出。

從機場前往市區可以利用 RER B 線到達北站 Gare du Nord 後再轉地鐵、巴士前往住宿地方，時間約二十五分鐘，車票是 9.5 歐元。不過正如之前的資料顯示，北站在清晨時段不是太安全，如果是早班飛機到達巴黎，務必留心身邊的可疑因素。

攜帶行李較多時，會建議利用 Roissy Bus 的「Charles de Gaulle → Paris-Opéra」路線到達歌劇院終點站，車票是 10 歐元。當然 Hotel 預約在歌劇院周邊就更方便，因為有便利扶手梯的巴黎地鐵站，意外地不多。

另外可以利用「Les Cars Air France」（法航巴士）Line 4 路線，搭乘前往里昂車站轉車，車票是 17 歐元。

如果是 Milly 一個人的旅程，即使戰戰兢兢還是會選用大眾交通工具前往市區，可是此行是四人，就改採包車形式進市區。

搭乘計程車進市區大約是三十到五十分鐘，車費約 50 歐元上下，晚間、假日都會加價，行李一件一歐元，三人外的第四位乘客要加收三歐元，同時不保證所有計程車都可以放下四人份的皮箱。

想讓第一天的旅程更順暢，於是嘗試聯絡計程車外的移動方式。

其一是寫信跟第一間住宿 Hotel 要求機場接送，一般三星或是以上的 Hotel 都有這樣的付費服務。其二是利用網路上推薦的華人計程車包車，其三則是網路預約機場接駁車。

原本持續 mail 聯絡的是朋友介紹的華人計程車，畢竟語言能溝通總是最好，報價是 60 歐元，從機場到瑪德蓮廣場附近的第一晚住宿 Hotel。可是隨著人數增加，華人計程車司機開始擔心四人行李無法堆放，費用也增加到 70 歐元。於是轉為拜託英文很優的 JoJo 跟 Hotel 預約接機，報價是大車 90 歐元。誰知在猶豫之間，當日大車已經被預約，又沒臉回頭拜託已經去信取消預約的華人計程車。

這時 Milly 試圖以日文搜尋，發現一個非常便利的預約網站「VELTRA」，正好有包車的接機送機服務，三到六人的包車接機不過 70 歐元（一到三人包車是 60 歐元）。

立刻嘗試以簡單程序加入會員，並且遞出接機預約申請，同時填寫付費信用卡資料。

二十四小時內預約成立（也就是調車完成），此時信用卡也同時刷卡收費，還是以日圓計費呢。此次包車 70 歐元四人平均費用是 17.5 歐元，實際利用非常方便，車子還是舒適的高級房車，於是後來送機也利用這網路預約，一樣是 70 歐元。

「VELTRA」服務的國家不單是法國巴黎，也包含英國、德國、葡萄牙等等諸多歐洲國家。Milly 是利用日文網頁，日文不通的可以選擇英文網頁。

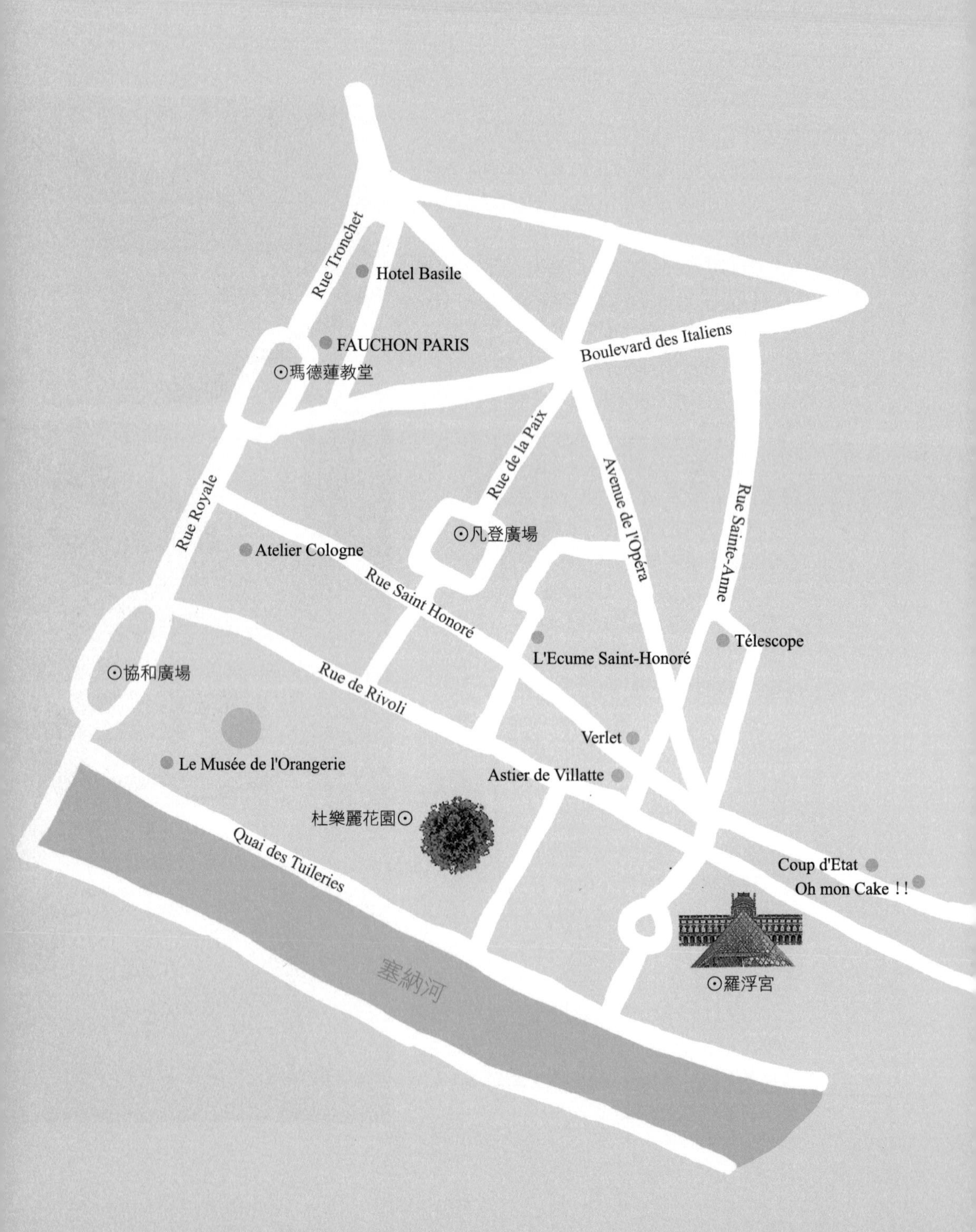

Rue Tronchet
Hotel Basile
FAUCHON PARIS
瑪德蓮教堂
Boulevard des Italiens
Rue de la Paix
Avenue de l'Opéra
Rue Sainte-Anne
Rue Royale
凡登廣場
Atelier Cologne
Rue Saint Honoré
L'Ecume Saint-Honoré
Télescope
協和廣場
Rue de Rivoli
Verlet
Le Musée de l'Orangerie
Astier de Villatte
杜樂麗花園
Quai des Tuileries
Coup d'Etat
Oh mon Cake !!
羅浮宮
塞納河

Chapter 1
春天巴黎小旅行

Bonjour 巴黎

五月十六日晚間登機，香港轉機，隔日上午八點到達巴黎。回程是五月二十四日晚間九點飛機返國，隔日晚間六點抵達桃園機場。是十天，七晚住宿，八個完整白天的巴黎假期。

情緒上是期待能更貼近在地人的步調，但終歸還是從日常脫出的短暫假期。所以分享的未必是面面俱到的巴黎導覽，也不是巴黎通的在地觀察。

但希望能呈現稍稍有些貪心、匆忙，卻依然能品味到璀璨奢華、古典風雅、歷史風華、潮流時尚和生活美學的巴黎新觀感假期模式。

長程飛行後，飛機準時於 AM7:55 抵達戴高樂國際機場，比預料中更順暢地通關、提取行李。順利地在出境大廳看見出發前預約的接機包車司機，如約定的以 iPad 顯示 Milly 預約設定的英文名字。

跟著司機來到停車場，四人一陣雀躍，包車不但是名牌光鮮大房車，行李可以輕鬆堆放，六人座位更寬敞舒適。當車子駛向市區時，窗外看去的藍天好天氣更讓度假情緒升溫。

週六高速公路沒遇上塞車，三十多分鐘後，車子就依著地址導航，來到位在 9 區瑪德蓮廣場（Place de la Madeleine）附近的清新設計風三星旅店「Hotel Basile」門前。

Hotel Basile
網址▸ www.hotelbasile.com
地址 ▸ 23 Rue Godot-de-Mauroy 75009 Paris
最近地鐵站 ▸ Madeleine

翻修不久整體色澤、裝潢都搶眼又不失品味的 Hotel

Basile，距離 Madeleine 地鐵站步行大約是三分鐘，羅浮宮、歌劇院、春天百貨等也都在徒步圈內。兩個房間相連的四人房，有可以放下筆記型電腦的保險箱，房費是兩晚 1010 歐元含稅金。

房間雖然稱不上寬敞，但是簡約清新的設計風很討喜，浴室沒有以往住宿巴黎飯店時感到困擾的水流不足和陰暗缺失。

Hotel Basile 最搶鏡的絕對還是大廳，每個角度拍下來都像是設計風雜誌的一頁。在光線透亮的天窗下，選張色澤耀眼的沙發翻翻雜誌、喝杯咖啡是舒適的。

早餐在這大廳的小巧餐廳內，使用可愛圓點歐蕾碗、花漾咖啡杯，在鋪上雜貨感格子餐墊的桌上，吃著麵包、蔬果早餐，想必更會讓女子的巴黎行幸福起來。

巴黎是國際觀光都市，各類型各層次價位的 Hotel 非常多。此次不過是住宿了其中三間，很難有其代表性，因此不會刻意推薦。

只是分享相對簡單入門的預約方式和住在哪個區域就延伸散步哪個區域的想法。

以右岸歌劇院為中心的巴黎路徑

住宿 Hotel Basile 三天兩夜，到達時間是上午九點半前，Check in 時間還沒到，於是將行李寄放在行李房後，雖然有些許時差，還是興致高昂地開始探訪周邊景點，也順路找間餐廳吃早午餐。

從 Hotel Basile 十多分鐘可以走到歌劇院〔全名是「加尼葉歌劇院」（Opera Garnier）〕，而幾天來讓自己不至於迷路的最大標示建築物，則是被各大地鐵站出口環繞的「瑪德蓮廣場」（Place de la Madeleine）。

微妙的是瑪德蓮廣場在地理位置上已經是 8 區，地址顯示位在 9 區的 Hotel Basile，實際上距離瑪德蓮廣場卻是三分鐘不到。所以說巴黎的 20 區以地址判斷只能參考，論方便性還是要參考實際動線地圖。

另外一個最顯著的目標是面對廣場、有著耀眼黑白花色遮陽棚、粉紅色露天座椅，店內擺放著滿滿糕點、果醬、紅茶、鵝肝醬、起司、熟食、香檳、松露、魚子醬的頂級食品百貨店「FAUCHON PARIS」。

FAUCHON PARIS 創業於一八八六年，本店位在瑪德蓮廣場。巴黎有太多糕點甜品要去品嘗，有太多美食想去品味，所以即使 FAUCHON PARIS 近在咫尺，四人卻都沒在附設的沙龍用過餐。

FAUCHON PARIS
地址▸ 26 Place de la Madeleine 75008 Paris
營業時間▸ 8：00 ～ 20：00（餐廳營業到 24：00、週日公休）
最近地鐵站▸ Madeleine

巴黎地名辨識的基礎單字

- 「RUE ÉTIENNE-MARCEL」，RUE是街道的意思，ÉTIENNE-MARCEL是路名。
- 「AVENUE」大通，像是香榭麗舍大道的法文就是Avenue des Champs-Élysées。
- 「BOULEVARD」是指主要車道，也是兩旁有行道樹，以城跡外環為基礎做出的道路。
- 「QUAI」是河岸、「PASSAGE」是車子無法通過的巷弄，「PLACE」是廣場。
- 東南西北則是，北/Nord、南/Sud、東/Est、西/Ouest。

名店雲集的 Rue Saint-Honoré

在巴黎經驗豐富的 JoJo 帶路下，一行人從瑪德蓮廣場很快地走進了羅浮宮周邊名牌店、星級飯店密集的 Rue Saint-Honoré（聖東諾黑街道）。之後順著這街道走著，就可以到達 JoJo 跟旅居朋友午餐的餐廳和 Milly 想要去吃早午餐的咖啡屋。

從 9 區的 Hotel 走過 8 區的瑪德蓮廣場，來到 Rue Saint-Honoré 街道就算是進入了 1 區。

上午十點剛過，Rue Saint-Honoré 人潮還不多，可以相對悠閒地東看西逛，自在地舉起相機拍照。漫步在如此陽光透亮的美麗街道上，踏上巴黎兩個小時不到，Milly 已經有著之後勢必可以留下美好影像的預感。

中途轉去一旁的凡登廣場（Place Vendôme），廣場聚集著巴黎主要的鐘錶珠寶店，還有大整修中的富貴麗池飯店（Hôtel Ritz）。

廣場矗立著紀念一八〇六年拿破崙奧地利勝戰的大銅柱紀念碑，柱子是以敵方大砲鎔鑄而成。整個巴黎市就如同大型美術館、博物館，處處可見雄偉富麗的歷史建築。

剛開始一定是沉醉讚嘆，之後就難免麻痺地對古蹟無視起來，等回到家中翻看資料卻又懊悔，自己怎麼沒能好好掌握觀賞時機。

尤其是這回 Milly 興致都用來發掘巴黎新角落，不知不覺間對正統的巴黎觀光動線就漠視起來。等最後一天回想起來，才發現已經沒有時間前去香榭麗舍大道（Champs-Élysées）、凱旋門（Arc de triomphe），更錯失一直憧憬想要留下影像的藝術橋（Pont des Arts）。

再次從凡登廣場走回 Rue Saint-Honoré 街道，JoJo 在跟朋友相約的餐廳附近離隊，Milly 則是循著地址、地圖，通過了「Palais Royal Musée du Louvre」地鐵站，終於找到巷弄內清新外觀的早餐專門店「CLAUS」。

可是歡喜進入清新、時尚的 CLAUS 內時，卻從服務生口中聽見噩耗：「週六的預約已經全滿。」帶著 Sophia 和 Tina 一路從 Hotel 走來，花了三十多分鐘的時間，居然是這樣的情形，真是不好意思。

原本以為 CLAUS 不但全年無休，還從上午 8：00（週六、日是九點半）提供早餐，應該不至於等不到位置。可是對 CLAUS 的第一印象實在太好，Milly 於是積極地以破英文跟有些小傲氣的經理，預約了隔天週日的 9：30 四人早午餐時間。

在 Coup d'Etat
吃巴黎假期的第一份可頌

預備享用的早午餐沒著落，Sophia 肚子早已餓了，沒意志力地跟著尋找第二方案的早餐地點。於是從 CLAUS 所在位置巷口的左、右兩間餐廳選擇其一。

論外觀，Milly 較喜歡左邊古典的「La Petit Machon」，但是放在桌上的菜單一堆法文讓人摸不著頭緒。右邊帶著夜店風貌的時尚咖啡屋「Coup d'Etat」，則是在店前看板清楚地標示早午餐是 16 歐元。

左邊還是右邊？命運的第一個巴黎假期早午餐，後來還是選了似乎較容易應付的 Coup d'Etat，後來查字典才知道店名居然是「武裝政變」的意思。

在 Coup d'Etat 吃的此行第一份「可頌」麵包還不錯，以拿鐵概念點的 café crème 也及格。只是早餐端出後居然有三顆蛋，讓人一時反應不過來，那煎過的火腿更硬得有如塑膠。

Sophia好奇點的23歐元紐約風早午餐，多了如調酒的綜合水果和煎得有失敗疑慮的薄餅。如此的一餐讓大家見識了巴黎觀光區的物價，但換個角度來看，隨意找間咖啡屋用餐卻能利用店內免費網路跟家人通訊息，還可以體驗從露天座看著風景的巴黎風情，依然稱得上是值得的經驗。

Coup d'Etat
地址▸ 164 Rue Saint-Honoré 75001 Paris
營業時間▸ 7：00～午夜2：00（全年無休）
最近地鐵站▸ Louvre - Rivoli、Palais Royal - Musée du Louvre

Oh mon Cake !!
甜品真可愛

之後在前往小路內的新世代咖啡屋之前，先去位在距離 Coup d'Etat 三十秒位置，同一條街上的「Oh mon Cake !!」。

位在美麗花店旁，有著可愛店面的「Oh mon Cake !!」於二〇一〇年開店。

一走進小巧的店內就可以看見玻璃櫃內，有如鮮豔花朵綻放中的杯子蛋糕。店名刻意標註兩個驚嘆號符號，或許正是要突顯驚喜情緒。

如果不想吃太甜膩的花俏杯子蛋糕，展示櫃內的起司蛋糕和鬆糕類模樣就沉穩很多。

其實雖說店名是「Oh mon Cake !!」，午餐時間周邊上班族或是從一旁羅浮宮湧出的觀光客，會選擇排隊買外帶鹹派，配上沙拉、蔬菜湯作為簡單的午餐。如果不想傷腦筋去搭配午餐，則可以點固定價位的 LUNCH SET（午餐組合）。

13.5 歐元的 Grand Menu 是「鹹派、湯或沙拉加上飲料、點心」、9.5 歐元的 Menu Bagel 是 Bagel 三明治配上飲料。一樓是外帶區、店前有可以用餐的兩張桌椅，想安穩些用餐則是上到二樓座位區。

Oh mon Cake !!
地址▶ 154 Rue Saint-Honoré 75001 Paris
營業時間▶ 10：00 ～ 19：00（週六日 11：30 ～、週一公休）
最近地鐵站▶ Louvre - Rivoli、Palais Royal - Musée du Louvre

離開輕食、糕餅屋「Oh mon Cake !!」後，回頭走到 Palais Royal Musée du Louvre 地鐵站，剛才匆匆經過沒能拍照，再通過就把握時間留下影像。

Palais Royal - Musée du Louvre 地鐵站的站名很清楚地顯示，利用這地鐵站可以前往巴黎皇宮 Palais Royal 和羅浮宮 Musée du Louvre。

不知道是不是因為就在巴黎皇宮 Palais Royal 旁，所以出口要設計成皇冠的模樣。

巴黎地鐵（Métro de Paris）一共有十四條線，最早開始運行的路線可以回溯到一九〇〇年期間。

二〇〇〇年剛好是巴黎地鐵進入百年的階段，為了紀念地鐵開業百年，法國藝術家米歇爾・奧托尼埃爾（Jean-Michel Othoniel）利用多彩玻璃材質，配上鋁製結構做出玻璃球圓亭，讓這地鐵站出口如同一個華麗的裝置藝術。

之後由 Palais Royal - Musée du Louvre 地鐵站前廣場，走進非常寬闊、面對富麗堂皇歌劇院的歌劇院大通（Avenue de l'Opera），目標不是歌劇院而是坐落在 Rue Villedo 路上的咖啡屋「Télescope」。

從歌劇院大通繞進 Rue Sainte-Anne 街道，在尋找咖啡屋 Télescope 的路上，看見很多日文招牌、日本料理店、日本雜貨、食材屋，原來這裡正是巴黎日本街。

日本街範圍大約是歌劇院和巴黎 Palais Royal 之間的 Rue Sainte-Anne 和 Rue des Petits-Champs 一帶，在迷亂於法文地標時，看見熟悉的日文莫名地安心起來，只是都來到巴黎，除非真的無計可施，否則不傾向去吃日本料理、烏龍麵。

要是真的突然渴望醬油、米飯的熟悉滋味，除了 13 區的中國菜和越南菜，這區內的「國虎屋」烏龍麵、「HIGUMA」、「大勝軒」的拉麵，還是可以放入口袋名單的餐廳。

隱身在日本街內的新世代咖啡屋 Télescope

離開每間店家都排著用餐人潮的日本街，走入相對安靜的 Rue Villedo 街道。

要留心才能發現這間外觀低調的咖啡屋，接近時先是看見門前靠窗的木椅，兩位年輕男女悠閒地喝著咖啡。進入天井挑高的店內，看見的是以魚缸裝飾的綠意盆栽和專業的咖啡機、沖泡道具，櫃檯後面一男一女散發著知性青年的氣質。

男店員很有耐心地安排 Milly 三人在不多位置的空間坐下。是想融入鄰近日本街的氣息吧，靠牆的座墊花色頗具東洋風味。

「Télescope」是融合了新與舊、東方和西方的空間。

巧妙運用透露年份的古老木梁、窗台、地板，然後以高質感的金屬咖啡機器、透明的玻璃和溫柔的淡藍色配置，讓空間在簡約中兼具巴黎深厚的歷史風貌。

最喜歡的是靠近街道的一整面格子玻璃窗，以及位在門上玻璃框內的綠色植物。

牆上以任意字母貼紙標示的咖啡飲品單讓點餐時出現混亂，店員於是建議不如以熟悉的咖啡飲品告知，他再來判斷最符合哪個咖啡飲料。

Milly 和 Sophia 點了拿鐵，Tina 點了單品咖啡。

端上的拿鐵拉花漂亮，滋味也很精準，能在巴黎第一天就喝到這樣好喝的拿鐵，開心之外也有些許意外。之後加點了類似布朗尼的巧克力點心，倒不是那麼想吃蛋糕，單純是想看見桌上有藍色的餐具出現，是非常喜歡的藍色範疇。

店內空間不大，櫃檯也設置得很低，因此可以近距離看見吧台手沖泡咖啡的過程。

Tina 點的單品咖啡，換手由非洲風貌的女吧台接手，使用近年歐美很流行如針筒壓縮感覺的手壓「AeroPress」（愛樂壓）沖泡。據說以這樣的道具能將咖啡豆更細膩的風味萃取出來，最適合沖泡單品咖啡。單品咖啡倒入玻璃壺中，再依客人分量倒入漂亮玻璃杯中。一連串動作都是極為美好的演出，琥珀色的咖啡喝入口中帶著淡淡果實風味。

有咖啡豆農場工作經歷的店主尼古拉認為，歐洲人每天一杯咖啡是不可或缺的，卻沒多放入關注在咖啡產地製作過程和萃取方式，因此他希望推動咖啡和酒應該放在同一個層次來認知的觀念。

購買回來的咖啡豆會在如石窖的地下室空間置放兩週左右，讓咖啡豆熟成後才進行自家烘焙，而咖啡萃取的方式也會因飲品的不同更動。值得讚許的還有，Télescope 不但對咖啡抱持熱情和誠意，飲品定價也貼近合理。不單是咖啡，這裡鮮榨柳丁汁加上人氣麵包的早餐也是招牌之一。

有人稱這股在歐洲興起的新咖啡浪潮是「第三波運動」，特色是咖啡屋以小規模經營、經營者熱心專研咖啡技術、店內有專驗咖啡吧台、每家店有各自特色的精品綜合咖啡豆等等。這次度假中探訪巴黎日漸興盛的小規模精品咖啡店，是 Milly 樂在其中的愉快主題。

Télescope
地址▸ 5 Rue Villedo 75001 Paris
營業時間▸ 8：30 ～ 17：00（週六 9：30 ～ 18：30、週日公休）
最近地鐵站▸ Pyramides

手感白釉陶器 Astier de Villatte

在約定於 Rue Saint-Honoré 街道跟 JoJo 會合前，三人先是進去在去程時已經鎖定目標，販售法國特有白釉陶器「Astier de Villatte」的品牌專賣店。「Astier de Villatte」是由 Astier de Villatte 藝術家族創立的生活品牌，系列產品具備古典風貌卻能融入現代生活中。產品從獨家芳香蠟燭、家具、陶瓷到紙製雜貨文具品等等。

意外不大的店內，一整面牆上擺放滿滿的白釉陶器。Astier de Villatte 的陶瓷器皿沿用傳統設計，選用獨特的黑泥，強調每件都是經由陶藝家手工完成，除了是充滿手感的商品，說是作品也不為過。

正因為用了黑泥（black terracotta clay），所以是白陶器卻不是亮度很高的純白，也是因為使用了稀有黑泥，所以每一個單價都不低，當然純手工製作的單品獨一無二性，同樣顯示在價位上。

剛開始還一度誤以為，這有著巴洛克風格的白釉陶瓷，是頗有歷史的法國傳統工藝品，看了相關說明才恍然大悟，原來這在亞洲區域極受歡迎，在很多精品店都可看見的法國製瓷器，品牌的創立不過是在一九九六年，在龐大法國華麗生活用品歷史中根本就年輕到不行。

Astier de Villatte
地址▸ 173 Rue Saint-Honoré 75001 Paris
網址▸ http://www.astierdevillatte.com
營業時間▸ 11：00～19：30（週日公休）

百年咖啡豆專賣店 Verlet

Milly 對精品、品牌不精通，看看熱鬧、作品鑑賞可以，要投入熱情就有些力不從心。

所以當三人與 JoJo 會合，開始利用時間逛 Rue Saint-Honoré 上的各大品牌店時，Milly 就先行脫隊，選在 Astier de Villatte 對面，號稱巴黎最古老的自家烘焙咖啡豆專門店「Verlet」，繼續偏愛的咖啡屋巡禮。

「Verlet」明明是一八八〇年創業的咖啡老舖，外觀卻極為沉穩低調。若不是早鎖定目標，手上有參考的地圖和資料，否則可能會不經意地就此無視地走過。

好不容易擠進店內狹窄的座位內，頓時被眼前看去的昔日風華櫃檯給惹了嘆息，也瞬間暗自感動著：果然來到巴黎真好。

出發前還如此地為巴黎日漸敗壞的治安忐忑不安，但是若是不來到巴黎，又怎麼親身體會眼前美好。

百年歲月下代代相傳的櫃檯，閃爍著沉積的時間光澤。

自家烘焙的咖啡豆放在店前咖啡麻布袋和牆上一格格的木箱內，木箱上面置放著斑駁標示的茶桶，櫃檯邊上還放置著胡椒、香料瓶，以及看起來頗有年份的磨豆機。

「Verlet」不但有販售咖啡也販售 thé（法文「茶」的意思）、法式水果乾、果醬和餅乾等。

悠悠然然地喝著咖啡，迷戀著眼前的古老陳設，不知道為什麼，突然感覺到這櫃檯充滿著昔日東方藥局的氛圍，也同時聯想到京都的名門老舖風情。老舖果然是老舖，愈是看著空間內每個角落的細項愈是著迷得深。

那天即使才吃過有著三粒蛋的早午餐，好奇之下還是點了招牌的土司加蛋。

這土司內夾著起司火腿、上面放上煎蛋的餐點，正式名稱

Cafés
Verlet
Cafés
Verlet
Verlet
Verlet

是 Croque Madame，7.5 歐元一份。一口咬下小小錯愕起來，因為土司好硬！或許是巴黎人的口味，但讓偏愛吃日式鬆軟烤土司的 Milly 來說就委實不習慣。更失望的是，盤子居然沒有雜誌照片上的店名和古雅花色，用這點去跟店家發牢騷未免小家子氣，更何況 Milly 還法文大不通（笑）。

倒是之後加點的咖啡歐蕾，讓 Milly 一口喝下立刻折服，真是好好喝呢！

咖啡歐蕾以自家獨創青瓷杯的濃縮咖啡和一壺熱鮮奶端上，讓客人依自己的口味，將熱牛奶沖入濃縮咖啡喝。

被濃郁熱牛奶包裹著的濃縮咖啡，入口依然帶著香醇咖啡香，毫無一般咖啡牛奶的輕薄印象。難怪在品嘗咖啡期間，看見不少上了年紀的熟客，就這樣跟店員談笑著，接著上樓去抽菸喝咖啡，再下來時店員又是自然地將包好的咖啡遞上，客人就此結帳走人。是一連串自然流暢過程，想必已經不知重複過多少年。

單純點咖啡（濃縮咖啡）時，可以自己選擇咖啡豆，選項洋洋灑灑的兩大頁，勢必讓人難以決定。據說不少客人就是這樣喝了喜歡上，付帳時就忍不住順便買了咖啡豆回去。

Milly 太喜歡櫃檯風情，於是坐在販售空間擁擠的一樓用餐區，下回再有機會前去則一定會往二樓咖啡屋，從二樓一整面古雅木格窗台看去的風景想必絕佳。

「Verlet」咖啡的香醇滋味讓 Milly 幾日後都念念不忘，於是在搭機前的下午又刻意前去，買了以古雅花色真空袋包裝的 Verlet 咖啡豆回家去，咖啡豆 250g 的價位，從 7 歐元～20 歐元不等。

Verlet
地址▸ 256 Rue Saint-Honoré 75001 Paris
營業時間▸ 9：30 ～ 18：30（週日公休、8 月有休息狀況）
最近地鐵站▸ Palais Royal - Musée du Louvre

巴黎喝咖啡小知識

巴黎的咖啡屋有的形式上偏向茶館，稱為沙龍、茶沙龍（Salon de Thé）更適合。但習慣上都還是統一稱為咖啡屋，除非該店有著特殊歷史背景要強調。

在巴黎咖啡屋點飲料，如果點咖啡端上的會是一杯苦澀的濃縮咖啡（Espresso），說拿鐵（Latte）端上的又會是杯牛奶。

服務生大概也習慣了觀光客的混亂，當 Milly 有時點 café 時，服務生除了一再確認外還會加上手勢，確認 Milly 知道所謂 café 是小小一杯的 Espresso 濃縮咖啡。

愛喝咖啡的人來到巴黎前想必已經做足功課，以下依然整理一些在巴黎喝咖啡可以參考的法國咖啡屋 Menu 上咖啡單品說法：

- café/ 濃縮咖啡，基本上就是 Espresso。
- express/ 依然是濃縮咖啡。
- double express/ 雙份的濃縮咖啡。
- café américain/ 美式咖啡，不過在咖啡飲品單上出現的機會似乎不多。
- café crème/ 可以認定就是拿鐵，如果點餐時說「café au lait」也同樣可以表明 order 的是拿鐵，甚至據說現在直接說 crème，也可以代表是要點拿鐵。不過說「café au lait」時更常端出的是一杯濃縮咖啡和熱鮮奶，讓客人自行調配喜好口味的咖啡牛奶。如果憧憬要喝那種法式歐蕾碗端出的咖啡牛奶，最好以 crème grande tasse 來點餐。
- thé nature/ 紅茶，thé 就是茶。
- infusions/ 花茶、香草茶。
- chocolat/ 巧克力飲品，不是可可，而是以巧克力溶解的飲料，非常濃郁。
- lait chaud/ 熱牛奶。

橘園美術館
Le Musée de l'Orangerie

短暫的一人咖啡時光結束，Milly 跟上友人的步調，會合後一起逛著 Rue Saint-Honoré 街道。Rue Saint-Honoré 是巴黎著名的名店街，在熟悉品牌和流行趨勢的 JoJo 帶路下，Milly 也就順便進去自己一人時絕對不會進去的品牌店（笑），應該算是此行的收穫之一。BOOKMARC、Colette、Fauré Le page、HERMÈS、Chantal Thomass……一串 Milly 連怎麼發音都不很清楚的品牌店，還是不要獻醜任意試圖去理解。

一路逛下來印象深刻，吸引 Milly 注意力停下腳步的，反而是沿路上偶然發現的，奢華設計風旅店「Hôtel Costes」附設花店的玫瑰花束。同時也不免好奇著，同樣一條街上的巴黎「文華東方酒店」門僮，如何在如此窄小的街道上，將客人順利且尊榮地迎送。

之後想想踏入巴黎已經超過數小時，卻都還沒將目光放在觀光景點上，於是快快離開 Rue Saint-Honoré 往杜樂麗花園（Jardin des Tuileries）、騎兵凱旋門（也稱卡賽爾凱旋門、Arc de triomphe du Carrousel）方向去。

中午過後 Rue Saint-Honoré 的人潮已經比上午十點踏入時明顯多很多，可是當走進杜樂麗花園才真正感受到，巴黎果然不愧是國際觀光大都市，即使不是旺季的七、八月，觀光客真的是好多好多。

整個杜樂麗花園、騎兵凱旋門區間，放眼過去都是人，人潮多到連拿起相機拍照的興致都沒了。

在 JoJo 的建議下，先「避難」到一旁的「橘園美術館」（Le Musée de l'Orangerie），踏入橘園美術館前花園時，已經感覺人潮少了許多，待走入美術館旁的筆直林蔭道上時，更有

進入另外一個空間的錯覺。看見還有人就這樣拖了張椅子，躲在牆角樹蔭，時而自在地翻閱著手上書本，時而閉上眼睛沉思。不過是五分鐘不到的距離，一處如此喧囂，一處如此寧靜，喜歡哪條路徑就是旅人的選擇。

橘園美術館以收藏莫內的「睡蓮」馳名，更在空間設計上導入自然光，以橢圓型的360度空間，展示八張長幅莫內的睡蓮作品。

只是四人都已經通過了例行安全檢查進入美術館內，卻忽然想到這天在出發前就獲取好康訊息，知道五月十七日是一年一度「歐洲美術館日」（Nuit Européenne des Musées），美術館入內不用收費。可是問了工作人員才知道，正確的說法是，「Nuit Européenne des Musées」是「歐洲美術館之夜」，當日入夜六點後，巴黎多數的美術館可以免費進場。

機會難得，於是JoJo就臨時改變主意，建議不如先在美術館的咖啡屋小歇，晚上再來參觀。怎知咖啡屋要買了票才能入內，於是就暫且離開，晚上重新再來。

主要也是因為，從上午八點到達巴黎後，一直持續到前來橘園美術館，已經不停移動了將近八小時，時差漸漸朦朧地在身體中漂浮著，而且其他三位美女還好，油性體質的Milly在出發前十六日下午梳洗的二十多小時後早已「油頭垢面」，早想快快回到Hotel洗個澡，一身清爽。

於是，決定先回Hotel辦好住房手續，好好地梳洗、休息一下，再於六點後開始美術館巡禮。

在 Atelier Cologne 的主張下完成獨特香氣禮物

不過在返回 Hotel 途中，還是花了些時間在偶然路過的「Atelier Cologne」（中文品牌名是「歐瓏」）。

因為 JoJo 大力推薦，要分享巴黎的美好，怎能少了這間法國古龍水品牌店。Tina 則是從被動地慫恿，到完全投入地幫先生選擇適合的香氣作為生日禮物。

Milly 在跟著店內可愛店狗玩耍的同時，也觀察了整個禮物盒從聞香、決定、擇色、製作的過程，真是以為沒有比這更適合送給親密伴侶的禮物了。不但可以一面想著相愛的人，身上抹上時的淡淡香氣，一面聞著店內瓶中的香味。更進一步美好的是，禮物盒還附上現場刻印收禮人英文名字的攜帶瓶皮套。

位在 Rue Saint-Florentin 靠近杜樂麗花園的 Atelier Cologne 品牌店，有非常親切的女店員、非常舒適的店內空間和可愛又有家教的店犬。

說 Atelier Cologne 是古龍水品牌卻也不盡然，但又跟大家印象中的香水不同。根據時尚品牌人的說法，原來是：「以三百年前原始的柑橘基底 cologne 為發想，創造出一系列特殊香調的高級香水。」就是不是古龍水而是中性味道的「Cologne Absolue」（精醇古龍），品牌創始人是來自香水家族的 Sylvie Ganter 和 Coristophe Cervasel 夫婦。

如何界定似乎不是重點，總之只要香氣合宜、偏愛包裝、認同品牌表達的概念，無需時尚語言同樣可以直覺去喜歡著。

Atelier Cologne 還會為每一款香氣，附上一個故事背景，諸如在海灘度假、鄉村漫步時等片段，甚至有時還會訴說起如小說般的故事。

法國製造的 Atelier Cologne 第一間品牌專賣店在二〇一一

年於紐約開幕，二〇一二年才在巴黎開設專門店，也就是一行人去的店面。現在 Atelier Cologne 在全球有四百間以上的銷售點，紐約、巴黎之後陸續在東京、香港、上海也有了品牌專賣精品店。

Atelier Cologne
地址▸ 8 Rue Saint-Florentin 75001 Paris
營業時間▸ 10：30 ～ 19：30（週日公休）
最近地鐵站▸ Concorde

季節、時令不宜逆向

不論在哪個國家旅行，都有其一定的邏輯、經驗要去遵循。

五月十七日的晚餐本想不如就正面迎擊法國美食，於是由 JoJo 提議請 Milly 朋友在巴黎的朋友，代為預約了住宿 Hotel 附近的「松露之家」（Maison de la Truffe）晚餐。巴黎松露之家在台北已經設有分店，不過在巴黎吃應該還是另有滋味。「松露之家」招牌菜是「松露油封鴨」「松露燉飯」，午餐套餐約 36 歐元。晚餐預算如果要吃得盡興，點份松露燉飯、松露義大利麵、松露油封鴨再加上酒、點心，一個人的預算就最好放在 60 歐元以上。

巴黎「松露之家」可以透過網路預約，所以理論上也可以透過海外預約。

當天本來已經預約了晚上七點半的座位，為了吃這略微正式的晚餐，連 Milly 都很難得地準備了稍微正式的洋裝備戰。

不過 JoJo 中午跟旅居巴黎多年的學姐吃飯時，被提醒五月不是吃松露的好季節，要吃好吃的松露最好是在十一月份開始的秋冬。

季節不對多少消解吃松露的興致，加上時差雖說不算太嚴重，疲累感卻是真的有些無法排除，於是回到 Hotel 後就請櫃檯代為取消了松露之家的預約。

事後回想，Milly 一行人也真是有些刁鑽（哈），明明住在時尚美食家大推的瑪德蓮廣場旁，卻不但沒去松露之家 Maison

de la Truffe、FAUCHON PARIS 本店用餐，也沒去巴黎最古老的 Ladurée 本店吃點心，說可惜也多少有些可惜。

可是假期時間有限，Milly 一開始蒐集資料時也沒將這些奢華老舖放入非去不可的名單內，擦身而過或許也是必然。

不吃松露大餐時間就充裕起來，舒服地梳洗又小歇了一會兒後，四人繼續振作精神漫步往羅浮宮前去，畢竟機會難得，遇上美術館之夜，當然要去「免費」體會入夜後的羅浮宮美術館風情。

參考白天路程從 Hotel 走到羅浮宮大約需要二十五分鐘上下，就想不如在前去的路上找間餐廳，喝杯酒吃個簡單的晚餐。

羅浮宮相關資訊

羅浮宮門票 10 歐元，每週二休館，一般開放時間是上午 9：00 ～ 18：00。每週三和週五會開放到晚上 9：45，是可以體會入夜羅浮宮風情的好時機。

不對季節的生蠔餐？

參考導覽書、美食網站推薦，找到一間從靠近羅浮宮 Rue Saint-Honoré 街道轉入，一間小路上的「L'Ecume Saint-Honoré」海鮮攤，似乎很適合淺酌一杯吃點生蠔。

L'Ecume Saint-Honoré 是海鮮店附設的海鮮 BAR 餐廳，猜想生蠔海鮮理應新鮮有一定的水準。此外，貼近名店街卻能呈現漁港小吃風情，也是最後決定的關鍵點。

可是帶著極大的期待前往，體驗後卻有踩到地雷的懊悔。

對愛吃的 Milly 來說，短短旅途上有限的餐食（說有限可以消耗的卡洛里更貼切），如果吃到不怎麼樣的餐食是極為懊悔的。

端上的海鮮盤看起來毫無生氣，賣相已經讓人沒多大食慾，生蠔吃入口中很瘦、甘美度更是模糊。其他海鮮的腥味很重，幾乎沒一樣稱得上是美味。於是四人草草結束用餐，沒再加點就結帳離開了。

可是，之後不甘願地查看了網路上的評語，大部分的感想都還不錯，當然也有跟 Milly 一樣的失望意見，那問題出在哪裡呢？

有可能是沒點對生蠔品種？或是不該放任愉快的跑堂大叔，去決定海鮮盤的內容？

不過最可能的理由，或許還是季節不對！生蠔也是該在冬季吃才肥美。當然也不排除，選擇的生蠔並不是偏愛的口味。

L'Ecume Saint-Honoré 價位是觀光區等級，不起眼的海鮮盤加上三杯酒結帳是 58 歐元，選擇正確季節來吃或許生蠔美味度會提升，但依然會建議不要選海鮮盤而是單點生蠔較適宜。

首日的巴黎美食體驗難掩挫敗感，好在從隔日的美味早午餐後漸入佳境，才讓 Milly 有著不虛此行的美味回憶。

L'Ecume Saint-Honoré

地址▸ 6 Rue du Marché-Saint-Honoré 75001 Paris

營業時間▸ 11：00 ～ 19：00（假日～ 14：00
週五、六～ 22：00、週日及週一公休）

最近地鐵站▸ Tuileries

找出自己跟羅浮宮的親密關係

依照前去的順線路徑，四人選擇從金字塔下方的卡塞爾購物商場（Carrousel du Louvre）入口進去，睽別多年的羅浮宮多了濃濃的商業氣息。輪不到 Milly 說喜歡不喜歡，反正已是事實就接受吧。

到達時已經接近晚上七點半，天色則還是黃昏前後的感覺。

四人分為兩組，相約一個半小時後在商場的倒金字塔下會合。Milly 和 Tina 直接進去美術館，Sophia 和 JoJo 則先在商場買東西之後再進去。

羅浮宮之前去過兩次，這回本來有些遲疑要不要再去第三次，畢竟自己的藝術修養連自己都看不下去，幾年來應該也沒有進步，即使再去一次也勢必跟之前同然不過是走馬看花罷了。可是出發前看了一個報導羅浮宮的外景節目，無意間得到了一個提示，就是與其以傳統的、藝術的角度去接近羅浮宮，不如找出自己跟羅浮宮的親密關係。

可以專挑熟悉的去看，以「到此一遊」的心態，不給自己太大的壓力，更可以參照畫冊，有看見的就打個勾。

可以專挑華麗的場景去看，畢竟比羅浮宮更華麗的美術館真的不多。

可以從宗教的角度去看，如果是天主、基督教徒在羅浮宮，必定可以看見很多感動的《聖經》故事作品。

可以用「鑑賞俊男美女」的角度來看雕塑和名畫，然後挑出三大美女、俊男排行榜。

可以用電影迷的角度，例如以「達文西密碼」等電影來窺看羅浮宮。

這樣旁門左道的羅浮宮探訪態度，可能會被人唾棄（笑），但是總比什麼都不懂，明明想投入卻只落得頭發昏來得有趣。

在如此的提示下，Milly 給自己第三次的羅浮宮介入定下的樂趣主題，則是以直覺去看鑑賞羅浮宮的建築之美，同時以自己的鏡頭留下喜歡的羅浮宮角落。

用這個角度來體驗羅浮宮，有著不同於前兩回的樂趣。

比較遺憾的是，最想入鏡的從大盧階梯（Daru Staircase）壯麗階梯看去的「勝利女神」雕像卻因為大整修中，無法完成取景拍照的心願。

非官方的羅浮宮三寶

以觀光客的角度來看，有所謂非官方的羅浮宮三寶存在。這鎮館三寶是米羅的〈維納斯〉、達文西的〈蒙娜麗莎的微笑〉和〈勝利女神像〉。

是美術館之夜的特別夜間開放，但可能因為觀光客知道的不多，旅行團也不會在這時間進入，當然也加上當晚很多美術館都夜間免費開放疏散了人潮，因此入場非常順暢，一秒鐘都沒等到。順利進入的同時，還暗暗開心「省了 10 歐元入場費」。

JoJo 是第一次進入羅浮宮，自然不能免俗一定要先跟「蒙娜麗莎的微笑」見見面。

知道「蒙娜麗莎的微笑」、「維納斯」是大家的主要目標，館方很親切地在每個轉角都有附上作品照片的指示牌，因此可以相對順利地來到這兩大作品前。

之後的時間，Milly 就依賴著看過的日本羅浮宮專題節目介紹，隨性地看到什麼就大致跟 Tina 介紹欣賞的觀點和背後的故事。

同時間，當眼睛看見魅力的角度和光線下的動人景象時，就拿起相機拍照。

時間不是很充分，未必能絕對的盡興。

但能這樣留下自己眼中的羅浮宮畫面，還是很愉快的時光。

只是比較印象深刻的是，似乎這些年來羅浮宮的扒手真是太猖狂了。世界級的名作太入迷，於是讓觀光客很容易就分了心，成為扒手伺機而動的對象。

羅浮宮一定已經不厭其煩地去處理扒竊事件，因此即使真是很破壞畫面，但是在羅浮宮很多作品旁邊，都大大地放置了很礙眼的，各種語言加上圖示的「小心扒手」警告標誌。

早已耳聞羅浮宮扒手的盛行，所以重要的財物、證件都留在飯店內，身上只有些許的小鈔和收藏在內袋的信用卡一張。

因在龐大的羅浮宮迷了路，Milly 和 Tina 遲了將近十五分鐘才會合，四人在晚上九點多接近十點的暮色下，慢慢地踱步回去 Hotel。

白天說要去看的「橘園美術館」呢？！

誰也沒開口提到，畢竟真是太累了，別管有沒有時差，也已經是可以入睡的時間。

從十六日下午桃園機場出發，好長好長的一日，終於要結束了。

預約旅行中的美味時間

這次巴黎假期跟以往最大的不同，除了消費升級企圖挑戰「大人感性的巴黎」外，另一個嘗試就是提前預約了五間餐廳。

雖說後來在巴黎通的建議下，取消了「松露之家」和羅浮宮旁「Le café Marly」的午餐，這樣在一個旅行中預約了多間餐廳用餐的情況，對 Milly 來說還是一大突破。會這樣違反習慣提前預約人氣餐廳，自然是認為在巴黎這樣的美食之都旅行，若能享用到高評價餐廳是很幸福的。更大的誘因還是這次四人同行，怎麼樣都要掌握機會，去嘗試一個人旅行時不能自在放鬆的用餐空間。

預約是很形式的。

預期是很抽象的。

除了不喜歡被太多的預約牽制，Milly 也會試圖在旅行前慢慢地「釋放」期待。

很微妙的說法對不對？！

沒有期待，就不能成就一個旅行，不是嗎？只是過多的期待和預期，有時反而會誤導著旅行上發自內心的評價。

因此盡可能的，除了部分交通接駁時的時刻表計算外，不會去做過於精密、過於計算的行程表。如果真的跟預期一樣美好，自然是最好的結果。

但更有趣味的，或許是「哇～意外的很好呢」之下的雀躍感。

以往即使是在日本旅行，非到必要，不會在出發前事先預約餐廳或是列車的座位。

認為預約了就要「實現約定」，如此行程多少都會有所牽制。

例如，預約了六點半的晚餐，在這時間之前就不會安排變動太多、交通動線太複雜的行程。一向以來就不是習慣遲到的人，時間的控制格外用心。

此外 Milly 是極不擅長看地圖、極為方向鈍感的人，迷路是家常便飯，因此習慣在預定時間外，再預設三十分鐘左右的誤差值，來彌補可能迷路所浪費的時間。

所以不是那麼喜歡提前預約，不想造成心理負擔或是因此讓行程綁手綁腳。

想去體驗的人氣餐廳，如果正好在漫步閒晃的動線上，就會順路提前在開店同時到達，試圖詢問當天的預約狀況。

午餐成功機率不高，晚餐則很多時候可以在預約客人用餐前，爭取到進入用餐的機會。

如果當天不行，就會詢問隔日預約狀況。

像是「CLAUS」就是以這樣的方式，前一日親自前去然後預約隔日的早午餐。

隔日還是不行，就問一週內的訂位，依然沒位置，自然就只能選擇放棄。

現在很多餐廳可以採取「網路預約」，例如巴黎的松露之家，但更多的還是傾向以傳統的電話預約。可是，多年旅行下來，Milly 最不擅長的就是透過電話的預約，即使是以還算有點自信的日文，都依然是能避免就一定避免以電話來預約。

首先，主觀認定以聲音對聲音的預約，就有了認知的關係，之後如果要取消還得再次打電話，這樣情感上的負擔不是很喜歡。

更重要的是，以為用電話預約不可靠，怕彼此的認知不同、聽解不同會造成誤差。

擔心事前預約了，實際去到卻發現沒預約成功，或是預約的日期、時間是錯誤等狀況。

的確是想太多，可是這方面的障礙就是無法克服。

正因為如此，如果可以都會採用網路上的書面預約，如此不但可以慢慢琢磨預約內容，Mail 往來可以留下白紙黑字的證據方便查看。因故不得不取消預約時，利用網路也比較不心虛。

對於那種必須排隊才能進入用餐的餐廳，Milly 會選擇排隊進去吃。可以容忍排隊的枯燥和時間，卻不喜歡任意地預約用餐。

更正確的說法是，不喜歡提前太多的預約。畢竟時間拖得愈長，變數就會愈多。

近年來很喜歡請住宿 Hotel 櫃檯代為預約住宿期間的餐廳。

甚至還私自認定，愈是可以幫住宿客人迅速且正確推薦、預約餐廳的 Hotel 櫃檯，就愈有價值。更進一步的認定是，愈有分量的 Hotel 櫃檯愈有預約的架式。請有分量的 Hotel 櫃檯代為預約，往往比自己打電話預約成功率高。

歐洲三星、三星以上 Hotel 幾乎都提供有代客預約的服務，只是也大多會收取服務費。

如果收取的服務費合理，以為還是值得利用的。

這回巴黎的餐廳預約，分別透過 Milly 和 JoJo 在巴黎旅居多年的朋友。

算是走了一個更值得信賴的捷徑。

也未必是每間餐廳都可以順利地提前預約，像是提前了兩星期請朋友代為預約的人氣餐廳「Septime」，得到的答案就是大約一個月後才有座位，因此未能實現這間評價極高的餐廳體驗。

其實手上想去品嘗的美食餐廳，遠比試圖預約的多很多。

不過正如上面所說，如果午餐、晚餐都預約得滿滿，行程會過於牽制，也少了旅途中偶然邂逅一間意外好吃餐廳的美好。

如何在巴黎預約餐廳？

一般以電話或是網路預約的餐廳，都必須提供可以聯絡的電話。

這時可以提供海外漫遊的電話，通常都會接受。如果請當地的朋友代為預約，能同時留下當地的聯絡電話是最好。

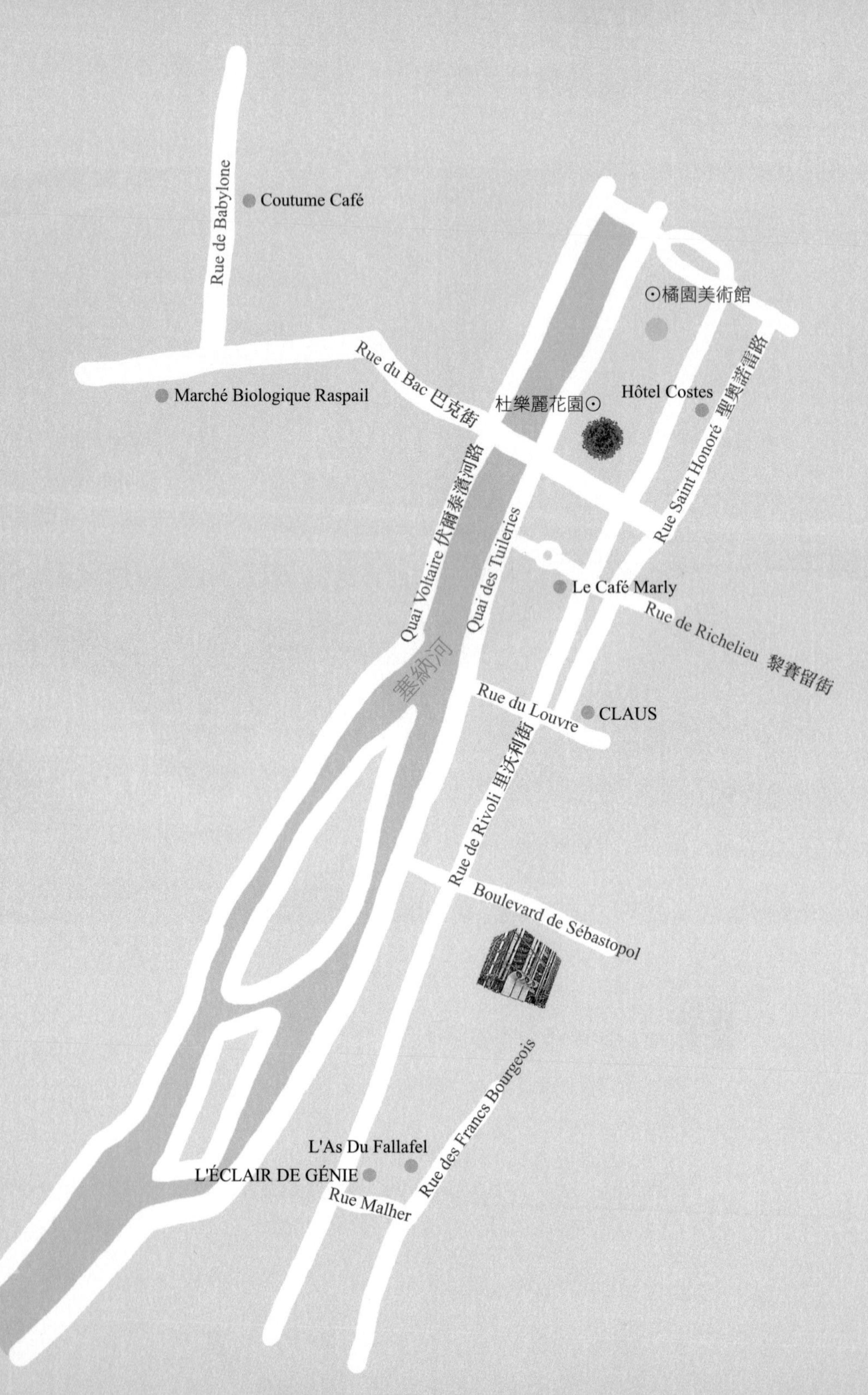

Rue de Babylone
Coutume Café
Marché Biologique Raspail
Rue du Bac 巴克街
橘園美術館
杜樂麗花園
Hôtel Costes
聖奧諾雷路
Rue Saint Honoré
Quai Voltaire 伏爾泰濱河路
Quai des Tuileries
Le Café Marly
Rue de Richelieu 黎賽留街
塞納河
Rue du Louvre
CLAUS
Rue de Rivoli 里沃利街
Boulevard de Sébastopol
Rue des Francs Bourgeois
L'As Du Fallafel
L'ÉCLAIR DE GÉNIE
Rue Malher

Chapter 2
嶄新的一天

在 CLAUS 的清新中 享用悠閒度假早午餐

巴黎假期漫長的第一天，累積了不少的疲倦，第二日就睡晚些，不那麼早起。

八點後大家陸續梳洗，八點四十分出發，慢慢沿著前日已經走過三、四回的路線，往羅浮宮附近的「CLAUS」前去。

從住宿的 Hotel 前往 CLAUS，如果以地鐵站來看是四個地鐵站的距離，實際走過去則大約是二十五分鐘上下。

再次證明某些情況下，走路還比換乘地下鐵來得方便。走在路面上可以逛逛店家、看看風景，舒適得多，情緒也放鬆得多。

很有意思的是，不過是來到巴黎的第二天，走在 Rue Saint-Honoré 街道上，身體已經有著微妙的熟悉感。這也是 Milly 這回希望的感覺，住在一個地區三天兩夜，然後以散步的方式延伸到周邊。

走著來回重複的路線，很快就可以進入熟悉的安定感。當然，如果一個區域的住宿時間能拖得更長些，那「擬日常」、「微住遊」的小確幸度會更高。

「CLAUS」是提供早餐、午餐的食品專門店，光從二樓優雅窗台植物、掛上三葉可愛 LOGO 的白色外觀，就可以充分喜歡的餐廳。

CLAUS 座落的建築，像是漂亮都會女子擁有的清新不失華麗的住家，氛圍跟周邊傳統建築的古典風格咖啡座、餐廳，在印象上明顯有著一線之隔。

店名 CLAUS 是店主的名字，CLAUS 先生原是 GIVENCHY 的品牌經理，也難怪不論是以白色為主調的裝潢、拼花地板、家具備置和蛋糕、麵包、食品的擺設，都可以這樣有品味。

一樓是食品販售空間，入口就可以看見門邊兩側的白色桌櫃上，擺放著果醬、濃縮果汁、忍不住發出可愛讚嘆的各式糕點和誘人食慾的麵包。

除此之外，不同的木櫃和木桌上也擺放著麵粉、麥片等食材。

仔細觀察的話，會發現其實建築本身是有些歷史的，店主在裝潢時似乎還刻意地將沉澱時光痕跡的石造牆面給顯露出來。

一樓靠窗邊的位置，是一張桌子和兩張椅子的內用空間，不過主要用餐的地方還是在二樓咖啡室。不過據說有的巴黎人會買了麵包、糕點，就這樣靠著一樓中央插著美麗花束的大桌，自在地吃了起來。

店家為 Milly 一行人預留的是貼近植物窗台，以白色拱廊般的隔間分出的舒適四人座位。環看一下會發現座位不是那麼多，八組四人以上的客人入座，咖啡室就滿座了。座位間隔倒是很寬裕，沒有巴黎餐廳普遍跟隔桌幾乎沒有距離的狹窄印象。

二樓空間不是太大，溫暖的家居感家具配置、古典窗框和柔和透入的光線，讓人有在朋友家作客吃早餐的感覺。空間散發出的緩慢悠閒氣氛，讓人絲毫沒有感覺到自己其實置身在羅浮宮附近，觀光客往來頻繁的鬧區，反而會給人鄉村度假餐廳的錯覺。

週末以外的平日，早餐是從 7：30 開始，假日則是 9：30 開店。

每組客人預約時都擁有一個半小時的時間，可以慢慢地用餐，享受度假中的悠然。同樣的環境條件下，在此享用下午茶應該也是很愉悅的。

CLAUS 不愧號稱是「巴黎唯一的早餐專門店」，早餐菜單上有五種套餐可以選擇，大致可以區分為法國風味和德國風味，不過 Milly 還真分不出異同。

Milly 選了 26 歐元的套餐，有「培根炒蛋」（scrambled eggs with bacon）、有機蔬果汁、優格、歐蕾和檸檬口味糕點（Mini lemon cake），Tina 點的是水波蛋的套餐，JoJo 點了有鮭魚的 vegetable quiche with salmon 套餐，Sophia 則是簡單的優格、果汁、煮蛋的 18 歐元 Le Francias 套餐。看似優格的東西其實是 CLAUS 特有風味的 muesli，是以優格調上核果和燕麥片的健康早餐。

大家共同享用一大籃麵包，配上新鮮口感的手工果醬和 echire 奶油（法國艾許奶油）。

早餐非常豐盛、漂亮、美味又講究有機，更重要的是氣氛悠閒舒適，是完美的假日小奢華早餐、早午餐選擇。

CLAUS
地址▶ 14 Rue Jean-Jacques-Rousseau 75001 Paris
營業時間▶ 7：30 ～ 18：00
（週六日、假日 9：30 ～ 17：00、不定休）
最近地鐵站▶ Louvre - Rivoli、Palais Royal - Musée du Louvre

CLAUS
take away

回憶的、朝聖的咖啡 Le Café Marly

愉悅的早午餐後，JoJo 三人要去巴黎北邊的聖圖安跳蚤市場（Marché aux Puces de Saint-Ouen），Milly 則離隊一個人開始在巴黎遊晃，跳蚤市場選擇在離開前的週六，去較小規模的梵維斯跳蚤市場（Marché aux Puces de Vanves）。

聖圖安跳蚤市場較大，要慢慢逛不同攤位的話，可能需要半天的時間，所以三人會在那裡用午餐，於是我們相約五點後回到 Hotel 會合再一起去吃晚餐。

出發前聽了太多巴黎治安惡化的訊息，因此一個人行動時還真有些許緊張。

為了稍稍緩和這緊張，Milly 先不直接搭乘地鐵去探訪那間「來巴黎一定要去的好喝咖啡屋」，而是漫步到一旁的羅

浮宮，看看那再熟悉不過的金字塔，同時回味一下幾年前在面對金字塔廣場的「Le Café Marly」喝咖啡、吃午餐的時光。

記得第一次以背包客方式來到巴黎時，曾經鼓起勇氣在 Le Café Marly 外側迴廊露天座，點過一杯可樂來喝。

為什麼是可樂？因為那是最會發音也最不容易弄錯的飲料。

數年後跟著朋友以自由行的機＋酒方式來到巴黎，Milly 自己一人前去羅浮宮，跟朋友相約之後會合吃中飯。

在進入羅浮宮前用破爛的英文，跟小驕傲的侍者口頭預約了兩人的午餐座位。

回想起來，那時光是能突破從迴廊咖啡座，進到富麗堂皇的餐廳內享用午餐，已經是足以沉浸在跨越了一大步的自滿中了。

清楚地記得那天點了亞洲風的炭烤豬肉，味道非常的美味。

實際上根本看不懂菜單，只是硬撐著以不輸給侍者的氣勢，問到菜單哪個是豬肉、哪個是魚肉，當天想吃豬肉，就用手指了豬肉料理的位置。

朋友因為吃素，一陣溝通後，侍者大力推薦的素食料理端上，本以為是法國特產的蘆筍，再仔細看看居然是熟悉的大蔥。幾根大蔥以非常高貴的姿態，排列在華麗的餐盤上。

Le Café Marly 有著 Milly 記憶清晰的回憶，因此即使聽了 JoJo 旅居巴黎的朋友說，現在的 Le Café Marly 太觀光化、料理一般、服務差到不行，因而取消了之前預約的午餐，

Milly 還是想來這裡喝杯咖啡，即使咖啡的確也未必好喝。

以為若是想體會 Le Café Marly 的典雅氣勢，想置身在拿破崙時期的奢華建築內用餐，甚或是好奇那裡侍者特有的世故和驕傲，其實倒不妨找個時機來此吃個早餐、喝杯飲料，在某種層次上也是一種巴黎觀察。

此外 Le Café Marly 全年無休，一大早八點就開店、凌晨兩點前營業，不失為一個逛羅浮宮後小歇的好據點。

Le Café Marly
地址▸ 93 Rue de Rivoli 75001 Paris
營業時間▸ 8：00 ～午夜 2：00（無休）
地鐵▸ Palais Royal - Musée du Louvre

有時會為了一間咖啡屋本身存在的價值，去喝一杯咖啡，例如 Le Café Marly。

但更樂於去探訪的是以朝聖的心情，喝一杯這個城市被咖啡愛好者偏愛的美味咖啡屋，例如「Coutume Café」。

Coutume Café 位在左岸的 7 區，自然不能從 1 區的羅浮宮散步過去。

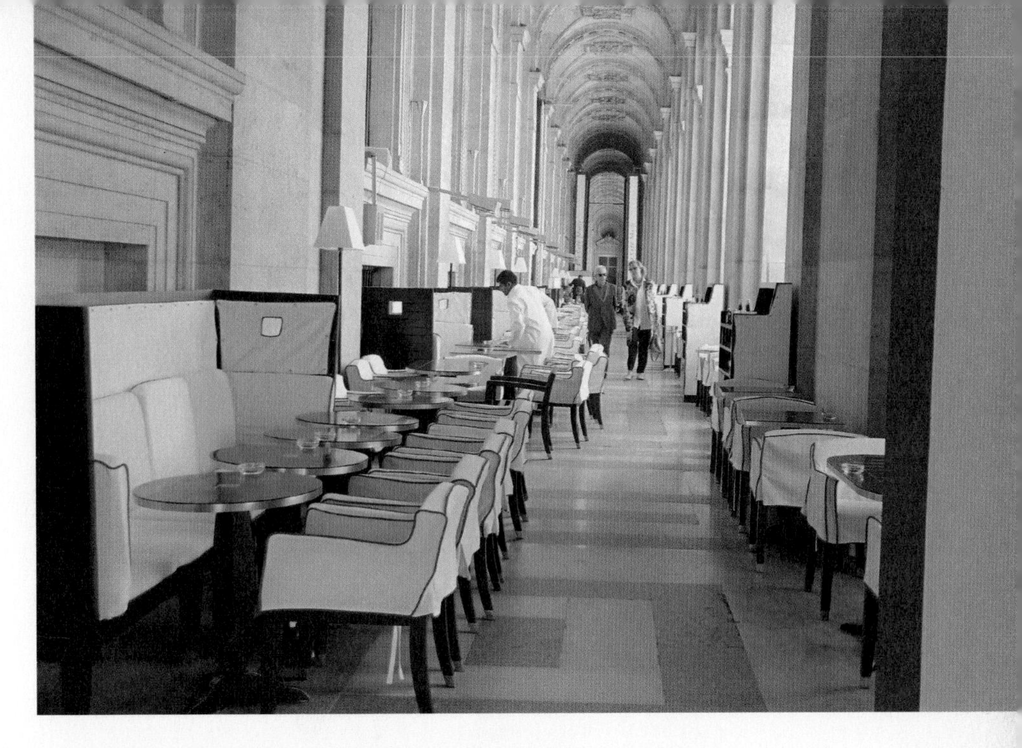

於是終於開始搭乘傳聞中巴黎惡名昭彰的地鐵，也開始啟動更專注的防衛模式。

小心地將斜背包緊貼在身上、盡可能找到位置就坐下、絕不站在車門邊上、不跟人目光相對、不要顯出自己是脆弱觀光客的表情（這點真的不容易），然後隨時提高警覺。

或許有人以為無需這麼緊張，但是在毫無損失、沒有遭遇任何不愉快事情下順利返國後，跟剛好也去過巴黎的朋友下的共同結論是：「小心一點總是好，有警戒的情況下，遭遇盜竊、扒手事件的機率會小很多的。」

不過話說回來，前面不是一再說，此次巴黎假期的大原則是住在哪區就遊晃哪區，怎麼這麼快就違反原則？

理由是當天是週日，很多店家都沒開，所以動線就會放寬放大，會刻意前往例如週日特別熱鬧好玩，諸如瑪黑區之類的地方。

同時，Milly 旅行不會放棄的原則之一是，「如果最想去的地方，一定要把握時機在第一時間前去」。旅行存在著天氣、體力等的變數，最想去的先去了，才不會有結果終究去不成的遺憾。

自信是巴黎最好喝咖啡屋的 Coutume Café

「Coutume Café」號稱是巴黎最好喝的咖啡店，二〇一四年的四月五日更是帶著盛名於日本東京的青山骨董通り上開了日本的一號店。

所以怎能不去呢？更何況週日還營業中。

Coutume Café 可在地鐵站「Saint-François-Xavier」和「Sèvres - Babylone」下車後走路前往。Milly 選擇路程較近也似乎較不易迷路的 Saint-François-Xavier 站下車，從大馬路 Boulevard des Invalides 穿入 Rue de Babylone 小路，沒多久就看見隱身在安靜住宅區周邊的 Coutume Café。

映入眼簾的第一印象是，這間咖啡屋好年輕又有活力。

不是那種輕浮、喧嘩的年輕，而是愉悅中帶著輕快雀躍的生氣，跟印象中的巴黎咖啡屋完全無法畫上等號。

最大的特徵是，櫃檯後沖泡咖啡的不是白襯衫黑背心的中年人，而是穿著 T 恤、牛仔褲，配上布鞋頭戴鴨舌帽的年輕吧台手。

在天氣好下敞開兩扇落地大窗，陽光透亮的店內，緊密坐著享用著早午餐和咖啡點心的客人。客層基本上以年輕世代居多，看似周邊住家的常客也不少。

難怪有人會說，這是一個有著紐約生活潮人聚集區域氣息的咖啡屋。很微妙的形容詞（笑），總之就是較偏向英語系而不是歐語、法文系的咖啡屋，店員更是自然地以英文應對著。

「Coutume Café」的店主在澳洲喝到了非常好喝又感動的咖啡後，毅然決定法國人應該也有權利喝到一杯好喝的咖啡，於是奮發圖強地從電影工作者，改行成為咖啡吧台手，更於二〇一一年跟澳洲人合開了這間咖啡屋。成為號稱巴黎最好喝咖

啡的咖啡屋當然不是單憑運氣，店主不但精益求精地磨練咖啡沖泡知識和技術，更購入莊園精品咖啡豆，進行自家焙煎。現在 Coutume Café 已經儼然是巴黎新咖啡文化的先驅和推動者，也成為熱愛咖啡店的旅人觀察巴黎咖啡新趨勢的重要據點。

好不容易找了個跟隔桌幾乎沒有距離的座位坐下，點了拿鐵和起司蛋糕。沒記錯的話，Milly 的確點的是拿鐵，不是法式說法的歐蕾或是 Coutume Café。

咖啡真的好好喝，毫無質疑的餘地。牛奶的細膩和咖啡的香醇，在口中融合出和諧的美味。這是一間如果住在附近，絕對會天天報到的咖啡屋。

據知在廣受好評後，巴黎很多知名餐廳也向 Coutume Café 購買咖啡豆。店主為了維護品質，會要求對方要有相當的咖啡沖泡技術，還會定期主動勘查和教學。

巴黎喝咖啡的文化很悠長，但是未必能滿足現代咖啡愛好者的口味。能在巴黎體驗老舖咖啡屋散發的情緒之餘，還能同時喝到這樣水準的咖啡，真是愉快的。

Coutume Café的空間同樣讓人佩服法國人深厚的美學，尤其是那貼著白色磁磚，占了店內很大空間的吧台。充滿暖色系的都會時尚風情店內，留心看看還是可以發現，挑高建築內典雅華麗的雕花和牆面。據說是店主將古老的餐廳親手改建，保留著過去痕跡再加上時代品味的感性。所以說，京都和巴黎在某種意味上是類似的，魅力都是來自擅於營造現在與過去的美好共存。

如果在客人較少時段前來，感受到這咖啡屋的風味應該會更加舒適。暗暗許下心願，有機會一定要再來，那時就會以回憶中的咖啡屋來探訪。

喝完咖啡往 Sèvres - Babylone 地鐵站前去時，發現原來離巴黎最古老的百貨公司「Le Bon Marché」很近。後來曾經專程來到 Le Bon Marché，可是之前已經吃喝太多東西，想再次前去 Coutume Café 卻無能為力，體力上也不能再勉強。所以說，最想去的地方還是要第一時間前去才好。

Coutume Café
地址▸ 47 Rue de Babylone 75007 Paris
營業時間▸ 8：00 ～ 19：00（週六、週日 10：00 ～）
最近地鐵站▸ Saint-François-Xavier、Sèvres - Babylone

巴黎最資深的有機市集
Marché Biologique Raspail

根據事前蒐集的資料，知道距離 Coutume Café 步行範圍的「Rennes」地鐵站附近，有近年在巴黎大受注目，只在週日擺攤的有機市集「Marché Biologique Raspail」。（標註有 Bio 字樣的就代表是有機）

市集地址標示是 Boulevard Raspail，位置大約是在 Rue du Cherche-Midi 和 Rue de Rennes 間的林蔭分隔島上，有機市集從早上九點開到下午三點，蔬果市集自然是愈早去愈好，Milly 到達時，一些攤位的蔬果已經不是那麼充裕了。

順著地圖找去的沿路上，可以看見不少人提著籐籃、帆布包走過來，像是剛剛採買回來的樣子。

原本以為是近年才開始，是順應風潮的有機市集，查看資料卻驚訝發現，其實在有機風潮還沒普及的一九八九年，這個市集已經開始標榜著有機栽培。

對這樣的說法其實有些存疑，但在歐洲不衰的有機風潮下，這個標榜有機的市集格外受到歡迎則是不爭的事實。

正因為標榜是有機，這裡的蔬果、食品等，勢必比其他傳統露天市場貴，這點需有心理準備。

當晚預約的不是有廚房的 Hotel，觀賞有機市集的意味大於採買的意味，不過光是逛逛這樣賣蔬菜、熟食、麵包的露天市集，看著那色澤豐富的蔬果擺飾方式，已經是相當愉快了。如果在用餐前來到這裡，也可以在法式蕎麥煎餅攤現點一份鬆餅邊走邊吃。

在歐洲旅行最大的樂趣之一，正是逛這樣的蔬果市集，比起逛古董市集的興致更是多很多。不過目前歐洲市集的共通性是，人一多扒手就多，不論逛哪個市集都不要太分心。

Marché Biologique Raspail
地址▸ Boulevard Raspail
營業時間▸週日限定，9：00～15：00
最近地鐵站▸ Rennes

週日限定、期間限定

離開有機市集繼續朝向 Rue de Babylone 方位走去，通過三角公園旁的 Sèvres - Babylone 地鐵站，一度想直接搭乘地鐵回去，但意念一轉，不如開始嘗試搭乘巴士。

基本上當日已經沒有絕對非去不可的地方，想先搭上巴士再隨心情決定下一個路徑，基本的主題是「週日也開的店」、「週日限定的活動」等等。

此次待在巴黎有八個整天，預計離開的日子是週六，也就是說遭遇到週日就只有十八日這一天。

看見路邊的站牌，正想上前去查看路線，此時又被路邊人行道一攤接著一攤的二手攤位給吸引了去。

順著第一印象不是太精采的二手地攤，走入一旁的巷道內，發現精采度開始改變，二手物件的品質開始提升，於是引發興致繼續逛下去。似乎是利用品牌服飾店週日休息，特別闢出還管制交通的二手市集。

參考街角的海報，知道這是稱為「Vide-grenier de Printemps」的市集，是五月十八日週日上午七點到下午六點的活動。

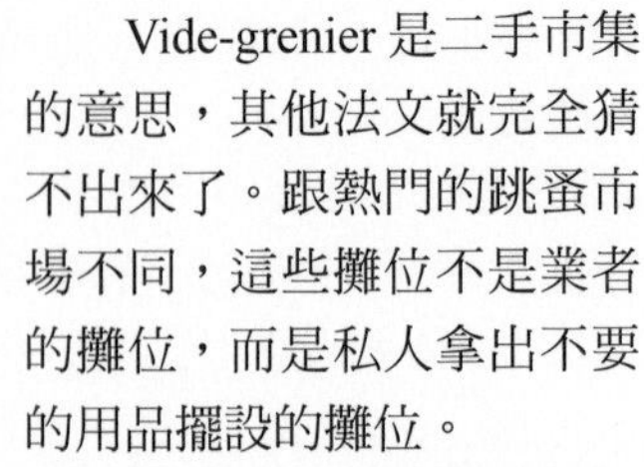

Vide-grenier 是二手市集的意思，其他法文就完全猜不出來了。跟熱門的跳蚤市場不同，這些攤位不是業者的攤位，而是私人拿出不要的用品擺設的攤位。

細心些、識貨些，應該可以找到很棒的物品。只是剛好這兩樣特質 Milly 都不具備，依然是走馬看花一

回。以逛了二十多分鐘的觀察來看，這二手市集規模還真不小。

後來查看資料更知道，原來是從 Sèvres - Babylone 地鐵這端一直延伸到花神咖啡附近的 Saint Germain 區域。天氣好的春季、夏季，週末的巴黎市內會不定期地在不同區域舉行這樣的二手市集，而且經驗上來看，偶然遇見的機率還頗高的。

在歐洲旅行第一要記得的心得就是，週日大多數的店家、餐廳都休息，連大眾交通工具的班次也會減少。可是相對地就會有很多戶外活動、傳統露天市集、古董跳蚤市場、二手市場等可以體驗參與。

美術館未必都在週一休息，像是奧賽美術館是週一休館、羅浮宮則是週二休館，彷彿私下協調過似的。

若是能大致記得巴黎一週間的大致規律，勢必可以有利於行程的安排。

星期日：百貨公司等大型商店都會休息，特例是瑪黑區以及在法國放寬週日開店政策下的香榭大道名牌店。

星期一：週一休息的小型餐廳、咖啡屋也不在少數。

星期二：是不少美術館的休館日，奧賽美術館則是週一休館。

星期三、星期四：商店幾乎都是正常營業。

星期五：餐廳開始容易滿座。

星期六：到處的餐廳都幾乎滿座，瑪黑區的猶太街餐廳因為安息日，不營業的很多。

週日不去香榭大道，
就去瑪黑區吧

在露天二手市場中段的街口，恰巧看見停靠的巴士，貌似是沿著塞納河行駛的路線，就隨性上了車離開。

很快地，巴士就離開了右岸，通過塞納河的新橋（Pont Neuf）駛入左岸。

巴士之後繼續沿著塞納河行駛，因為不能確定之後的路線，從窗外景致判斷似乎已經到了瑪黑區範圍的巴黎市政廳（Hôtel de Ville）時就又隨性地下車。

法文的 Hôtel，不單指是 Hotel。

在巴黎搭巴士，常會看見站名有 XX-Hôtel 的字樣，巴士

站牌理應不會標註私人建築，於是這時 Hôtel 的意思多數是表示什麼建築、廳堂的意思，例如巴黎市政廳就是 Hôtel de Ville。

下車依然沒有鎖定的目標，只是被「週日就該來到瑪黑區」的強烈印象指引。

不過由於假期後段會在瑪黑區住宿三日，這天就只是體驗這裡的週日氛圍，當日開始遊晃瑪黑區的起點是「巴黎市政廳」。

文藝復興建築風格的巴黎市政廳，號稱是世界最美麗的市政廳之一。冬季去市政廳廣場搭設的滑冰場溜冰，是很多巴黎人的冬日回憶，除此之外，市政廳前廣場也是藝術表演和抗議活動的舞台。

先來認識瑪黑區

瑪黑區（Le Marais）是指行政區域上劃分的 3 區和 4 區，大約從龐畢度到孚日廣場的範圍，不過也有人將其延伸到貼近孚日廣場的巴士底廣場區域，認為瑪黑區是巴士底廣場、共和廣場和市政廳所連結的三角區塊。

瑪黑區除了有似乎逛也逛不完的個性小店外，主要的地標據點則是市政廳、孚日廣場、龐畢度中心、雨果紀念館和終於重新開幕的畢卡索美術館。

法文 Marais 是「沼澤」的意思，據說十二世紀時期，這個區域還是荒涼沼澤地。十六世紀，亨利四世興建了孚日廣場，之後貴族陸續進駐讓該區一片富貴奢華。只是輝煌的瑪黑區也經歷了黑暗的沒落期，直到十九世紀後一些藝術工匠在此開設工房，加上大批的猶太人遷入，才又逐步地建立了不同於巴黎其他區域，是新與舊思潮、傳統和叛逆、活力和幽靜並存的富人區、猶太人區和同志區。

在薔薇街上的餐廳 L'As du Fallafel，外帶一份猶太風味口袋麵包，是很多觀光客來到瑪黑區的最大目的之一。

市政廳周邊有一八五六年創業的 Bazar de l'Hôtel de Ville（BHV 市政廳百貨商場），據巴黎通的說法是，觀光客較偏愛在拉法葉、春天百貨逛街，當地人則習慣利用 BHV 百貨。

除了聖誕節前夕，巴黎的百貨公司週日通常都不營業，Milly 在離開巴黎的週六前去這間拉法葉集團下的百貨商場，發現真是什麼都有，小至文具大至家具、有各年齡層的男女服飾、食品和廚房用品也很齊全。不過逛街真的是 Milly 的弱項，巴黎假期中最累的一日，就是回國前開始購物的這天。

不過如果是喜歡咖啡和品酒的人，真的是很推薦 BHV 內的咖啡、品酒周邊商品區。尤其是品酒區更是讓人大開眼界，光是開酒器就各種樣式、不同材質顏色的擺滿一整區，儼然是開酒器的博物館。

之後順著 Rue du Renard 街道，前往龐畢度中心（Centre Georges-Pompidou）。來到龐畢度中心後，莫名浮現往昔來到巴黎的懷念心境。

可能是這像是煉油廠的建築，實在是叛逆又狂傲，跟巴黎的古典太衝突，所以來過一次就印象深刻。多少可以想像當初這建築出現時，對於巴黎人的衝擊，應該不會輸給羅浮宮前的玻璃金字塔。

龐畢度中心包含著四大部分，分別是國立現代藝術美術館（Musée National

d'Art Moderne）、工業設計中心、公共圖書館和音樂研究協會。觀光客除了可以選擇利用手扶梯來到美術館欣賞作品外，也可以在天氣好的日子登高俯瞰或是在頂樓餐廳用餐。

不過更多的人會選擇在噴水池旁的咖啡座用餐小歇，或就只是找個樹蔭的階梯時而發發呆、時而看看街頭藝人的表演。

噴水池稱為「史特拉文斯基噴泉」，設計概念據說是來自史特拉文斯基的芭蕾舞劇《火鳥》。

當日是五月豔陽天，廣場旁的咖啡座坐滿了享用中餐的客人，Milly 一個人沒想在這熱鬧氣氛下多留，就在樹蔭下喝了外帶咖啡小歇後，換個動線往畢卡索美術館方位前去。

以貴族豪宅改裝的畢卡索美術館於一九八五年開幕，二〇一〇年的九月休館進行整修，原本預計二〇一二年開幕，後來延至二〇一三年春天，在巴黎期間得到的消息則是二〇一四年的六月，不過回到家後再看資料時，重新開幕時間再次更動為二〇一四年九月，到底何時才能順利重新開幕呢？前去時最好還是上網搜尋一下。畢卡索美術館休館期間，畢卡索美術館內的作品就前往各國出差展覽，順便也可以賺取些維護的費用。

知道畢卡索美術館不能入內，只是看著地圖，知道周邊有風味的店家似乎不少，於是還是以畢卡索美術館為目標前進。

走著走著，突然瞥見雄偉的石牆內，有著氣派穩重的古雅建築和清新的花園，看大家就這樣進去也沒買票，Milly 就學樣跟著入內。

當時根本不知道這建築原來是 Archives Nationales de France

（法國歷史資料博物館，也有人譯為是法國國家檔案館、國立古文書館），還以為不過是瑪黑區的市民休憩公園。

瑪黑區留有很多十六世紀的貴族豪邸，博物館建築原本也是 Soubise 公爵所有，於一七〇五年興建完工。

法國歷史資料博物館不是觀光導覽書會刻意標註的地方，無意間闖入博物館腹地的花園，得以在有著美麗花草和綠意的公園樹蔭下，解解暑氣吹吹風，度過安靜舒適的短暫悠閒時光，同時也窺看到瑪黑區域居民假日生活小縮影。

有人拿著本書坐在樹蔭下長椅閱讀、有情侶面對花園彼此輕聲細語、有一家人帶著孩子在草地上鋪上桌布野餐、也有辣妹刻意遷就陽光穿著清涼進行日光浴。

這裡距離龐畢度中心不過十分鐘不到，卻彷彿是完全不同的時空。

如果要搭乘地鐵前去 Archives Nationales，從「Saint-Paul」地鐵站走過去最近。

Milly 後來也順路（說迷路更貼切些）地走到「Saint-Paul」地鐵站，之後從這地鐵站返回住宿的瑪德蓮廣場。

在走到 Saint-Paul 地鐵站隨性亂晃兼迷路的期間，很幸運地剛好就路經了瑪黑假日最熱鬧最好逛的 Rue des Rosiers（薔薇街）周邊區域，也就是人氣猶太餐廳 L'As du Fallafel 的所在地。

瑪黑區薔薇街怎麼去？

直接以薔薇街為目標前往瑪黑區的話，建議從 St-Paul 地鐵站出來後，先走到 Rue de Rivoli 大街上，之後找到 Rue de Malher 街道，大約走個一百五十公尺，就會來到跟 Rue des Rosiers 的交口，在此左轉就會進入 Rue des Rosiers 薔薇街。

此外經由 Rue de Rivoli 大街穿入 Rue Payenne 街道，再轉入 Rue des Rosiers 薔薇街的路徑也是不錯的。

薔薇街的猶太袋餅

瑪黑區的時髦個性小店，主要分布在 Rue des Francs-Bourgeois 街道，咖啡屋、餐廳則集中在 Rue des Rosiers 薔薇街。

Rue des Rosiers 薔薇街是瑪黑區名物小吃，中東風味美食「Fallafel」炸豆丸子料理的激戰區，走在路上隨處可見人手一個以口袋餅包住的 Fallafel 邊走邊吃著。

Fallafel 是將蠶豆或是鷹嘴豆煮熟磨成泥，之後加上香料、荷蘭芹油炸而成。Fallafel 口袋餅（也有人稱是猶太袋餅、猶太三明治）則是將這炸菜丸子，放入 pita 口袋麵包中，加上生菜、炸茄子，最後淋上以酸奶為主的白醬就完成了。

有人吃過大大讚美說會上癮，Milly 之前吃過則以為還好。炸菜丸子的確好吃，但是不是很喜歡生菜和酸奶醬 mix 的口感以及吃起來有些狼狽的感覺，純屬個人觀感啦。

薔薇街上有好幾間內用兼外帶的 Fallafel 口袋餅，應該口味都差不多，可是既然要完成「到此一吃」的美食任務，就不妨還是認命地排隊吃「L'As du Fallafel」的 Fallafel 口袋餅。

根本不用特別去辨認哪間是最人氣的 Fallafel 口袋餅店，光是看店前排隊的人潮和那標誌的深綠色店頭外觀，就可以一目了然，據說 L'As du Fallafel 可是一天可以賣出三千個以上 Fallafel 口袋餅的人氣店。

L'As du Fallafel
地址▸ 32-34 Rue des Rosiers 75004 Paris
營業時間▸ 11：30～24：00（週五 15：00～17：30、週六公休）

在 L'As du Fallafel 對角的 Fallafel 口袋餅店是「Mi-Va-

Mi」，以絕對的傳統風味自豪。但是論店頭感覺，Milly 更喜歡在薔薇街路口，Rue des Hospitalières-Saint-Gervais 街上，那間建築以大紅為主色，爬滿綠色蔓藤植物的「Chez Marianne」。

這間店的外賣窗口一樣排著隊伍，外帶的 Fallafel 口袋餅內最搶眼的是那整支的青辣椒。

外帶一份口袋餅便宜很多，不過時間充裕倒是可以坐在漂亮店前的露天座位，舒舒服服地吃份 Fallafel 餐點，會更美味些也不一定。Chez Marianne 年中無休，每天 12：00 ～ 22：30 開店。

那天 Milly 沒吃 Fallafel 口袋餅，因為不想花費時間排隊。

之後來到一間 Tiffany 藍色外觀，店頭非常可愛的可麗餅店「LA DROGUERIE」，外帶一份 2.5 歐元，現做香蕉口味可麗餅，模樣簡單卻是瞬間感動的美味。

發現薔薇街周邊的店面都好鮮豔，而且多是以單一純色作為店頭印象。

像是路經一間非常可愛的杯子蛋糕店，店面是淺淺的藍色。

知名的俄羅斯、中歐麵包、熟食屋「Sacha Finkelsztajn」，則是用了好搶眼的香蕉黃，經過的人幾乎都會被吸引地停下腳步。

在週日的瑪黑區閒晃是頗愉快的經驗，尤其是天氣好的狀況下。

除了可以逛逛商店、瀏覽漂亮街景，不時還可以在街角遭遇美好的現場音樂演奏以及熱愛注目眼光的街頭藝人。

在住宿瑪黑區的 Hotel 時，Milly 幾乎每天都穿梭在瑪黑區間，消費了很多有風格且美味的餐廳和咖啡屋，也購買了些攜帶回家的巴黎小禮物。

至於是哪些店家，待後段分享。

讓人克制不了衝動的 L'ÉCLAIR DE GÉNIE 閃電泡芙

一般多會建議以 Saint-Paul 地鐵站為起點開始遊晃瑪黑區，Milly 則是隨性前去以龐畢度中心為起點，那天大約只逛了南半部的瑪黑區後，就從 Rue des Hospitalières-Saint-Gervais 街上的無印良品折返。

搭車前先順路前往距離 Saint-Paul 地鐵站一分鐘路程，位在 Rue Payenne 街道的法式長形泡芙專賣店「L'ÉCLAIR DE GÉNIE」，買了漂亮又美味的 éclair（法式長形泡芙，也稱為「閃電泡芙」）回去 Hotel 下午茶。

L'ÉCLAIR DE GÉNIE 在二〇一二年十二月於巴黎 4 區開店，現在已經有巴黎最好吃 éclair 的好評人氣。比起同樣是法式代表甜點的馬卡龍，Milly 偏愛風味多變、口感細緻、味道更具層次感的 éclair 多些。法式長形泡芙是一八五〇年誕生的甜點，特色是長形泡芙＋內餡＋外層口味組合的泡芙變化版。

不是什麼特別新鮮的糕點，可是 L'ÉCLAIR DE GÉNIE 卻能在講究材料的前提下，突破刻板印象，創新口味和風格，讓這傳統點心能以全新的時尚風貌呈現，讓對於甜品很挑嘴的巴黎人也臣服。

Milly 不是甜品愛好者，通常吃甜點只為搭配咖啡，可是這裡的法式長形泡芙卻讓 Milly 一吃後著迷。完全喜歡上這間店看起來賞心悅目、吃起來甜度適中，有著如同巴黎時裝般美學加上品質的點心。

店內的玻璃點心櫃內保持有三十多種口味的閃電泡芙，有招牌樣式的也有季節限定的。

一個 5 ～ 6 歐元，不是很便宜，可是 Milly 依然難以抗拒地被眼前漂亮長形泡芙給誘惑，失心瘋地買了三個，分別是百香果覆盆子、都會風焦糖和莓果口味。小心地提著帶回 Hotel，沖泡了咖啡，一個人享用著午後時光。

先吃了百香果口味的閃電泡芙，一口咬下口感好輕柔，然後外層、內餡和泡芙同時在口中融合，甜中帶出清爽的果酸，真的好美味。

L'ÉCLAIR DE GÉNIE 的店名直接翻譯的話，似乎是「天才的法式泡芙」的意思，可見支撐這美味背後的點心主廚 Christophe Adam，對自己的手藝和創作多麼有自信。

因為太好吃，就想跟朋友分享。待 Sophia 等三人回來，大大推薦一起享用，又分吃了時尚風貌，有著焦糖和巧克力風味的那個，同樣好是精緻美味。如果住在巴黎，可能會想每一種口味都吃遍。

L'ÉCLAIR DE GÉNIE
地址▸ 14 Rue Pavée 75004 Paris
營業時間▸ 11：00 ～ 19：30（週一公休）
最近地鐵站▸ Saint-Paul

愉悅下奮發享用的五星飯店美食

女子四人在 Hotel 會合後，吃著點心喝著咖啡、紅茶，分享著彼此不同路線看見的新奇所見所聞，也分享著一日下來的戰利品。

JoJo 在聖圖安跳蚤市場（Marché aux Puces de Saint-Ouen）買了小銀碟、Tina 則是買了一對玻璃杯，兩者都有著巴黎特有的古典優雅風情。

聖圖安跳蚤市場（Marché aux Puces de Saint-Ouen）是巴黎最大的假日二手市場，占地七公頃，有兩千間以上的古董舊貨商鋪，營業時間是週六、日和週一的上午 10 點～下午 6 點。

Milly 曾經去過一次，完全摸不到頭緒。

可是 JoJo 曾經來過這裡十次以上，已然掌握大致店家的貨品，因此可以相對準確地從中挑出喜歡的店家，再進一步地搜尋好東西。其中 JoJo 頗推薦的是，外觀有著攀藤植物的百

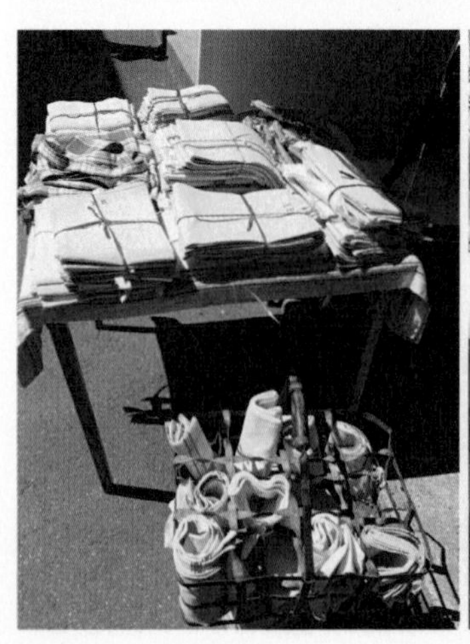

年歷史老舖「Marché Vernaison」。

Milly 雖然這次沒去但還是要再次提醒，巴黎的北邊治安不是太好，前去時請特別留意周邊安全。

上網瀏覽不少巴黎旅途分享，都會寫著「來到巴黎一定要去跳蚤市場？」、「來到巴黎怎能不去聖圖安跳蚤市場？」

可是真的來到一定要去跳蚤市場嗎？其實 Milly 是抱持著質疑意見的，以為真的喜歡、真的想在跳蚤市場尋到自己「一見鍾情」、「命運邂逅」的古物，才有一定要去的價值。

否則在治安不好擔心扒手、怕買到假貨又擔心被當凱子的心態下，就未必絕對需要去經歷一回巴黎跳蚤市場。

自己的旅行，的確是要在一次次的「試行錯誤」中，才能找到自己的風味。

因此找到自己喜歡的旅行方式，或許正是從旅行中得到的最大收穫。

不過也正因為如此，如果跟不同旅行方式的人一起旅行，偶而就會經歷一些自己不會去碰觸，可是意外頗有一探價值的地方和體驗。

例如巴黎第二天的晚餐，沒有特定的預約，只是想既然住在離 Rue Saint-Honoré 街道這麼近的區域，似乎該把握時機去這條巴黎時尚又美麗的街道，找間餐廳去吃個稍稍小奢華的晚

餐。Milly 私自的期待是，希望前去自己一個人絕對沒勇氣或是氣度前去的餐廳。正如，如果帶著親友旅遊日本，也會盡可能帶他們前去如果不會日文就不能輕鬆自在的餐廳用餐一樣。

經過商討，或許可以去嘗試看看滿座狀況的餐廳口袋名單，有兩日來去 Rue Saint-Honoré 街道時總是好奇的「面向街道有露天座位和黑白格子吊燈」餐廳、位在街口三角位置吸引目光的「La Rotonde des Tuileries」、文華東方飯店的餐廳以及 Hôtel Costes 內的餐廳等等。

因為有懂法文又架式十足的 JoJo 同行，選擇餐廳的範疇就會大膽很多。

沒能適時記下餐廳名稱，只能說「面向街道有露天座位和黑白格子吊燈」的餐廳，好幾次都說要去那格子吊燈的餐廳用餐，可惜最後還是未能實現。

Rue des Pyramides 與 Rue Saint-Honoré 交叉點上的「La Rotonde des Tuileries」，所在位置絕佳又顯眼很難去忽略，白天和黃昏、夜晚看去的氣氛都似乎不錯。

不過看了網路上評語普通，被指出店內大多是觀光客，侍者的服務有些粗糙，於是不敢貿然嘗試。Milly 最好奇的是文華東方飯店，不過傾向去喝下午茶或是喝咖啡吃點心，因此沒有特別堅持晚上去。

在這樣的刪去法下，很明瞭的目標就剩下 JoJo 很推薦的「Hôtel Costes」。

其實若不是 JoJo 的說明，Milly 經過好幾次 Hôtel Costes 大門，都沒意識到原來那黃金色大門後面，居然是間五星級的精品 Hotel，一心以為那偶而看見時髦男女出入的地方是夜店。跟同條街上文華東方一樣，雖是頂級的 Hotel，門面卻是很小的，不留

意完全不會察覺那是 Hotel 的入口。

正因為完全沒有概念沒有預設印象，所以當穿越黃金大門踏入 Hôtel Costes，穿過垂吊水晶燈飾廳堂，看見眼前居然出現了寬闊的露天花園餐廳，和環繞花園餐廳的重度奢華裝潢用餐空間時，那來自落差而生的驚訝就更大了。

整體空間規劃出自知名設計師 Jacques Garcia，在 Hôtel Costes 的空間內，找不到一絲絲近年來 Hotel 風行，蘊含質感的低調、簡約風格。放眼望去那厚重布幔、古典吊燈、燭台、流蘇絨布家具、大理石柱、金色浮雕，每個角落都彷彿是有錢人敗家手筆下的豪宅。

本來以為那些穿著風騷，穿梭在餐廳內的性感女子們是來此用餐的巴黎潮人，誰知原來性感的女子們跟那些穿著挺拔西裝個個帥氣的男子一樣，都是負責點菜、上菜的女服務生。服務生沒有制服，態度更是沒有規範的奔放、自在。

Milly 試圖整理出對於 Hôtel Costes 的印象是：「一個古典奢華風的 W-hotel」或是「一個貴族世家的叛逆子女」。

Hôtel Costes
網址▸ http://hotelcostes.com
地址▸ 239-241 Rue Saint-Honoré 75001 Paris

如果好奇，可以嘗試點選 Hotel 的網站看看，一定可以體會到 Milly 所說，這 Hotel 意念上的乖離、驕傲和縱情。

Milly 常喜歡說，旅行是將自己置身在非日常中。

旅行上的極致美景是非日常，這樣跟日常生活完全無法勾上邊的歐陸奢華空間，應該更是貨真價實的非日常。要預約住宿這間本質上還是要歸類於設計風的精品旅館，最便宜 20 平方米的房間一晚是 500 歐元。

不過還是要回到現實，四人來這裡是要吃晚餐的，不是參觀神殿般的豪宅。

前去時是晚上七點多但是天色還很亮，自然希望能在中庭花園用餐，至少是面向中庭花園的迴廊座位。可是漂亮的工作人員，在聽了需求後也似乎協調過後，表示當晚花園座位已經預約滿座，只能選擇照明偏暗的室內座位。

明明還有如此多座位卻說沒位置，本來 JoJo 還有些不是很愉快這樣的安排。可是等四人開始用餐，夜幕也逐漸低垂的八點後，整個 Hotel 的用餐座位卻真的全數坐滿。週日的夜晚有此盛況，不愧是巴黎時尚潮人愛用的餐廳。

早風聞巴黎的服務生動作很慢，不過剛好可以讓 JoJo 慢慢地幫大家說明菜單。

Milly 因為除了早午餐外，幾乎都在吃甜點，午餐甚至似乎忘卻了沒吃，於是晚餐就奮發起來，點了鮪魚 tartare 前菜（類似韃靼牛肉的做法）和龍蝦義大利麵。這樣一餐吃下來，含一杯白酒大約是 80 歐元。

基本上那天 Milly 從看見 L'ÉCLAIR DE GÉNIE 的美麗法式泡芙後，就有些失心瘋（笑）。潛意識裡不斷給自己洗腦：「都來到巴黎了就好好吃吧！」

這餐吃得有沒有價值？首先料理擺盤沒有高級飯店慣有的小心機，不論是龍蝦義大利麵、JoJo 點的牛排和 Sophia 點的牛膝肉，都是很家庭餐廳風格、很單調，卻是大分量地放在白盤上，讓一向被日本料理美學給寵壞的 Milly，對這五星飯店的主廚有些失望。

可是那分量扎實、味道扎實的龍蝦義大麵，卻真的是非常美味。

一般來說，頂級 Hotel 的餐廳，都會將料理如一幅現代畫作般地擺放在盤上，龍蝦可能不過是兩、三塊肉，可是那天 Milly 真的感覺到，應該是吃到了一整隻中型龍蝦的龍蝦肉。

去殼的龍蝦肉切得很大塊，奢侈地一口吃下去，鮮甜又 Q 彈。

原本以為這裡的料理會更有玩心，是吃精緻吃排場的地方，萬萬沒預料到居然是這樣著重食材、分量的實在美味。當然，如果換一個角度來看，這樣的價位這樣的料理呈現，是加分或是減分就看個人認定了。

對於巴黎人來說，Hôtel Costes 不單單只是間明星、名人指定住宿的精品飯店，更是潮流的代號和態度。整體的意念不但表現在住宿空間、餐廳和 BAR 內，也呈現在他們企劃的 Lounge 音樂出版上。

Milly 不懂得時尚文化，只是看資料後也難免大驚小怪起來。

原來 Hôtel Costes 只是 Costes 旗下事業的一小部分，羅浮宮旁的 Café Marly、龐畢度中心的 Le Georges 等等也都是這集團的餐廳。

餐後從金色大門走出，居然有著看了一部華麗電影退場後的錯覺。

回頭看去 Hôtel Costes 附設花店「ROSES COSTES DANI ROSES」櫥窗內，在夜色中散發出風華美姿的玫瑰花束，不知怎麼地，也帶著些許迷離夢幻的氣息。

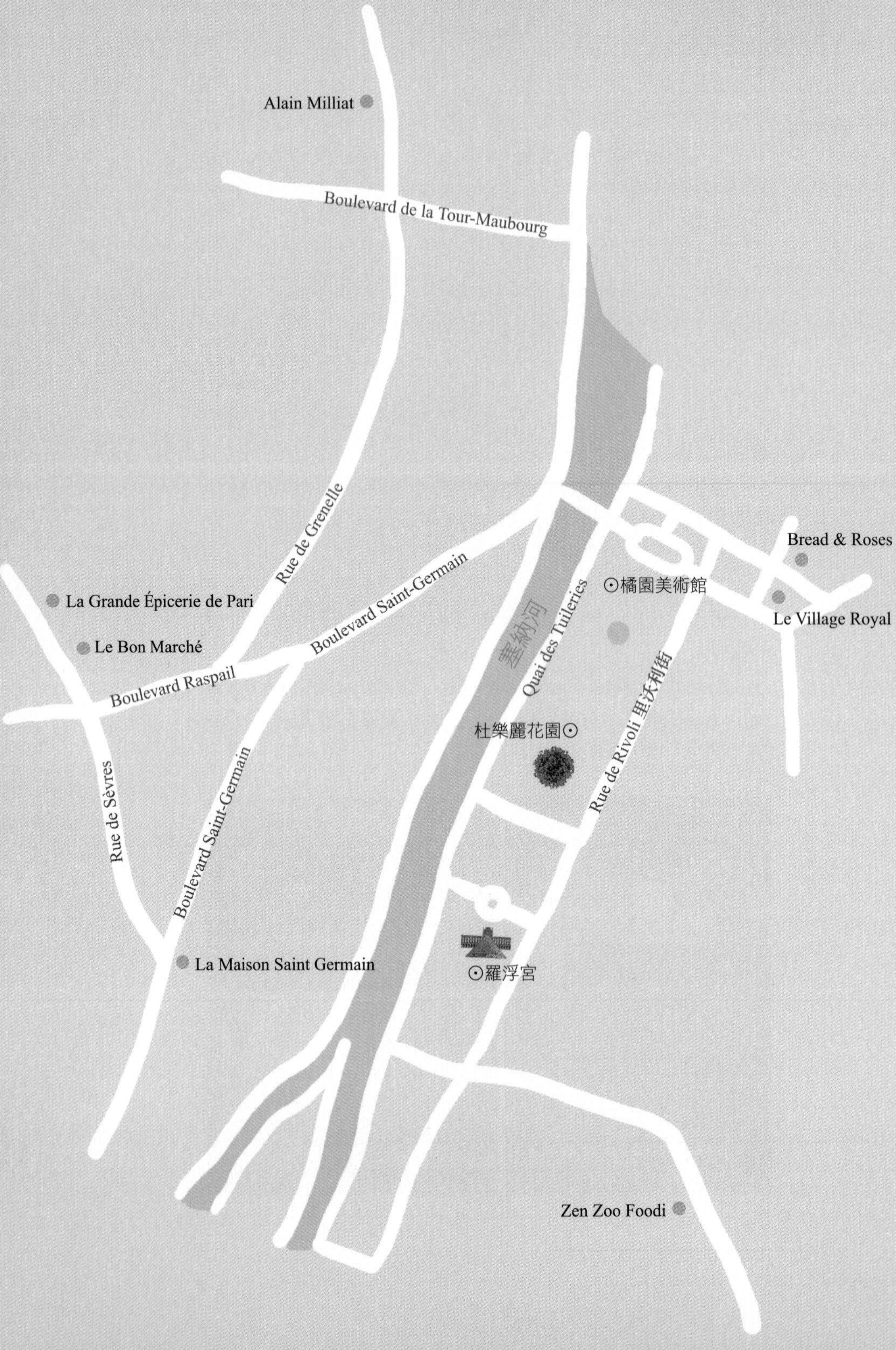

Alain Milliat
Boulevard de la Tour-Maubourg
Bread & Roses
⊙橘園美術館
Le Village Royal
Rue de Grenelle
La Grande Épicerie de Pari
Boulevard Saint-Germain
Le Bon Marché
塞納河
Quai des Tuileries
Boulevard Raspail
Rue de Rivoli 里沃利街
杜樂麗花園⊙
Rue de Sèvres
Boulevard Saint-Germain
La Maison Saint Germain
⊙羅浮宮
Zen Zoo Foodi

Chapter 3
大人的巴黎旅行

四個女子各自節奏的早晨

「大人的旅行」，每回這樣開口宣告總是難免遲疑，畢竟好像自己很了不起似的（笑）。

但是可能的話，隨著年齡的增長，會希望再遊一個曾經在年輕時旅行過的城市時，能將形式和企圖提升為「大人的旅行」。

「大人的旅行」。

有一定的通融但也有一定的自我堅持，預算不是絕對以節約出發，而是期望能花在寵愛自己的地方。是隨性但不失個性、任性，但是不流於任意。

巴黎第三天的早晨，JoJo 和 Tina 決定實現在巴黎慢跑的計畫，Milly 則是提前出門在周邊散步，跟她們相約在附近的連鎖咖啡屋「PRET」前，要拍下她們慢跑的英姿。Sophia 則期待自然醒來，然後慢慢地梳洗、整理行李。之後四人會合後，前往附近的「Bread & Roses」麵包屋吃早餐。如此各自的節奏，時而交岔，時而各自精采。

五月中旬的巴黎，六點過後天就逐漸亮了，本來顧忌大都會人口複雜，不敢貿然一大早出門，可是從窗外看去的天空透藍，就按捺不住地出門去，跟著週一上班族的步伐，以 Hotel 為中心環繞著散步。

一路走著，發現住宿兩日的 Hotel Basile 距離春天百貨不過是十多分鐘的距離，走到歌劇院更是輕鬆的路徑。

到達還不見觀光客人影的歌劇院時，清晨陽光正灑在歌劇院上，看去異常耀眼，尤其是頂上金色神像更是美麗得讓人感動。

歌劇院於一八六一年開始興建，因普法戰爭國家經費受困，一直到一八七五年才順利完工。根據資料來看，歌劇院的結構非常複雜，整個建築有兩千五百三十一個門，配有七千五百九十三把鑰匙，有名的音樂劇「歌劇魅影」就是以這歌劇院為故事背景。

歌劇院正式名稱是加尼葉歌劇院（Opéra Garnier），正是以建築師 Charles Garnier 命名。早上車流人潮都還未湧入，因此可以由不同位置，看去新巴洛克式建築風格的歌劇院，在不同角度下呈現的表情。

機場往返市區的巴士總站就在歌劇院的後方，看見歷經長途飛行來到的旅人，一下車看見這耀眼奪目的歌劇院，即使一臉疲倦仍然迫不及待地拍起照來。

歌劇院算是巴黎的點中心位置，旅人從這裡開始巴黎的旅行，應該也是很有意義的。

正對歌劇院階梯的左側街角位置上，是醬綠色外觀位在高級飯店 InterContinental Paris Le Grand 一樓，一八六二年開業至今的老舖咖啡屋「Café de la Paix」（和平咖啡屋）。

跟同樣是巴黎老舖咖啡的花神、雙叟不同，Café de la Paix 金碧輝煌的內裝豪華很多，原來規劃同樣來自歌劇院的設計師 Charles Garnier。

冬日看完歌劇院表演，在這全年無休、七點開店，晚上十二點才關門的咖啡屋，喝碗熱熱濃郁的法式洋蔥湯，是老巴黎人回憶的一部分。同時因為就在歌劇院旁，因此連柴可夫斯基也都是這裡的常客。

至於會讓很多甜點迷刻意前來一吃的，則是號稱有 1024 層的 Millefeuille du Café de la Paix 千層酥。不過畢竟是高級飯店的附屬咖啡屋又位在觀光區，千萬不要被面向大街輕鬆自在的露天座氛圍給蒙騙。在室內用餐費用可是不低，隨便一個三明治加上薯條都要 20 多歐元。

花了一個多小時，繞了一大圈回到 Hotel 附近，依照前晚的約定進去「PRET A MANGER」等待 JoJo 和

Tina 慢跑經過。

一路這樣走下來，以為天空、空氣、林蔭都是非常舒適，放眼看去的建築又都氣勢非凡、古典華麗。本來應該是很愉快的清晨散步才是，可惜 Milly 還是無法不去顧忌，那些在光鮮建築下棲息的流浪漢。尤其是春天百貨的騎樓下，在上午開始收拾家當離開的遊民身影，更是讓 Milly 神經緊繃。其實從側面觀察，露宿街頭的遊民有他們的規範，在接近店家開店和上班時間前，他們就會收起鋪蓋、紙箱，然後利用技巧「輪流」使用路上的公廁梳洗。

在香港、歐美經常可見，掛著紅星寫著「PRET」字樣的餐廳，是一九八六年由兩位大學生創業的英國連鎖三明治快餐店。「PRET」是法文 PRET A MANGER 的縮寫，意味著「料理已經準備好，可以吃囉」（ready to eat）的意思。明明是英國創業的店，可是店名卻是法文，而且目前「PRET」在英國已有超過三百五十家以上的分店，可是法國卻不到十間。

本來只是想喝杯咖啡，但是忍不住又拿了瓶荔枝飲品和可頌。

一大早店內很安靜，比起座位擁擠的巴黎咖啡屋，PRET 的空間真是異常寬敞舒適。姑且不論餐點是不是特別美味（可頌還不錯吃），基本上是可以很輕鬆利用的餐廳。點餐方式跟速食店一樣，也可以在架上拿了現成的三明治、沙拉到櫃檯結帳。

吃素食的人旅行巴黎，這間有很多蔬食可以選擇的快餐店，更是可以特別留意。

此外很有趣的是飲水採自助式，而且居然就是水龍頭打開來用杯子裝。

其實也不用大驚小怪，在巴黎用餐時如果不是點還不便宜的礦泉水，送上來的就是水龍頭水。

喝著 PRET A MANGER 普通的拿鐵，很準時的，八點後 JoJo 和 Tina 穿著很有 Feel 的慢跑裝經過，讓 Milly 拍下「在巴黎不妨一早慢跑」的示範畫面。

那天兩人一路從瑪德蓮廣場跑到羅浮宮前的杜麗莎花園，事後都說是非常愉快的經驗。

Milly 偏愛清晨散步，可是有習慣慢跑的人則不妨在行李內放雙慢跑鞋，體驗一下跟著巴黎人一起慢跑的樂趣。可以的話當然建議是兩人同行，不要選擇太早的時間，然後還是要視住宿周邊的治安環境而定。

巴黎的水事情

法文菜單上 l'eau minérale 是礦泉水、氣泡礦泉水是 minérale pétillante（或是說 Gazeuse）、沒有氣泡的礦泉水是 minérale plate。

Milly 總是嫌點礦泉水太貴，寧願點杯價錢差不了太多的酒，不過人數多，點瓶礦泉水喝喝也不為過。

不想點礦泉水，大氣地說聲「NO、thanks」，更氣勢些就用簡單的法文說「Non、merci」（不用了謝謝）。只要喝一般的生水，法文是：「une carafe d'eau, s'il vous plaît」。不過對不會法文的人來說，難度實在太高，Milly 一個人用餐時就傾向是直接點酒，大多餐廳之後就會送上免費的玻璃瓶自來水。

觀光情報說巴黎的水可以生飲，打開水龍頭喝就好。

不放心又習慣喝熱水的話，可以自帶保溫瓶，在住宿飯店燒好熱水倒入，然後隨身帶在身上飲用。不想麻煩又不放心喝生水，建議就近在超市購買熟悉品牌的礦泉水，超市的礦泉水比起餐廳是便宜得多。

此外，小道消息說，因為巴黎的水是「硬水」，用這水洗頭會乾乾澀澀的，因此巴黎人就不那麼喜歡常洗頭。

有機麵包屋 Bread & Roses 的早餐

第三天的巴黎早餐很悠閒，選在十點才可以吃早餐的麵包屋「Bread & Roses」。

實際上「Bread & Roses」卻不單單是麵包屋，雖然店內只用有機麵粉烘焙的麵包是主力商品。感覺上「Bread & Roses」跟富貴食品老舖「FAUCHON PARIS」的經營方向是一樣的，只要是餐桌上可能出現的食品、飲品都有販售。

只是在氣氛、格局上，「Bread & Roses」更生活、日常感，是 Milly 比較偏愛的形式。

「Bread & Roses」二〇〇四年在左岸盧森堡公園旁開張，是講究有機、追求健康和美味並存的麵包、糕點、熟食、紅酒和鵝肝醬的食品店兼用餐沙龍。

Milly 等人前去的是隱身在相對來說車輛不是太多通過的 Rue Boissy d'Anglas 上，位在瑪德蓮廣場（Place de la Madeleine）旁的二號店。

店名 Bread & Roses 取自 Ken Loach 執導的英國同名電影「Bread and Roses」，電影訴說勞動移民在追求溫飽的同時，也不願捨棄心靈的充實。

Bread 象徵溫飽、玫瑰則代表心靈。或許是為了強化這店名吧，餐桌上都放著一支玫瑰。

老闆 Philippe Tailleur 以前是食品相關的採買，因此開店時格外重視食材安全，販售的食品盡可能都是使用有機食材。除有機以外也重視品質，從世界各地搜尋最好的食材，像是西班牙的鮪魚和火腿、蘇格蘭的鮭魚、義大利的咖啡豆、英國的紅茶等等。

在參考菜單後各自點了咖啡、拿鐵、可頌後，又加點了 Bread & Roses 特色的外酥內軟牛奶酥皮土司麵包「BRIOCHE BEURRE CONFIT」。

brioche 是有蛋糕口感的麵包，一般都是以凸起圓頂一樣的圓麵包來呈現，Bread & Roses 則是做成長方形，凸起的酥皮部分也不是圓形的。

女服務生人很好，建議 12 歐元一整塊的麵包分量很足，不如切開大家分食。

Bread & Roses 的菜色分量十足也是特色之一，因為老闆說好吃的東西一定要開懷地吃才好吃。不過一個人用餐時，也可以參考菜單，點放入單片 brioche 的早餐套餐。

四人一面吃著早餐一面商討著之後的行程，可是目光卻不由得一直飄到放了糕餅、鹹派、熟食蛋塔的玻璃櫃。

十點過後，一箱箱的蛋糕、鹹派、水果沙拉才送進店來，由工作人員一一擺放在玻璃櫃內。

最吸引人的是，放了青菜、起司、鮪魚等的法式鹹派 quiche。

一般的 quiche 多是烤成派餅的模樣，然後切片來吃，可是 Bread & Roses 的 quiche 比較像是一人份的圓形鹹派，賣相非常引人食慾，同樣吸引人的，是彷彿將一份美味法國料理放在酥皮上的 TARTE。

看來下回要來這間 Bread & Roses，最好是選在十一點後來吃早午餐，更能滿足視覺和食慾。更完美的形式是，若是能占據一張店前露天座位置，時而翻翻雜誌、時而吃著好吃鹹派，時而抬頭欣賞出沒在這時尚區的漂亮巴黎男女。

Bread & Roses
地址▸ 25 Rue Boissy d'Anglas 75008 Paris
營業時間▸ 10：00～20：00（外帶麵包是 8：00～店內用餐是 10：00～、週日定休）
最近地鐵站▸ Madeleine

巴黎最美麗的私密小徑 Le Village Royal

在通過熱鬧的瑪德蓮教堂廣場前 Rue Royale 大街，轉入相對安靜的 Rue Boissy d'Anglas 路上的 Bread & Roses 吃早餐時。Milly 很開心地發現，原來一直在搜尋的巴黎私密小徑「Le Village Royal」，就在 Rue Royale 和 Rue Boissy d'Anglas 之間。

更正確的形容是，原來從 Village Royal 廣場面向 Rue Royale 街道的入口進去，穿過 Village Royal 廣場，就可以到達 Rue Boissy d'Anglas 街道和 Bread & Roses 麵包屋。

不過 JoJo 等人更雀躍的發現是，原來 Village Royal 廣場有 CHANEL、Dior、Bell & Ross 鐘錶店，廣場周邊還有 Hermès 總店等品牌專賣店。

於是早餐後她們決定午餐前要先在廣場周邊逛逛街，Milly 則選擇在 Le Village Royal 廣場內的咖啡屋「Le Village」喝飲料納涼發呆。

說 Le Village Royal 是廣場，但是它的腹地實在太小，論規模真的比較像是建築中的中庭。說是巷道，Le Village Royal 又太有風情，姑且就稱是「Le Village Royal 小廣場」吧。

這裡原是一七四六年誕生的傳統市場，一九九二年大整修保留下十八世紀的建築風格，之後在品牌店、巧克力老舖、酒品專賣店和咖啡屋等進駐後，讓這裡儼然成為遠離喧囂，名媛淑女購物逛街中途小歇的寧靜綠洲。

各大名店幾乎都在面對大街和面對 Le Village Royal 小廣場的設置不同的出入口，面對廣場沒有入口也可以看見美麗櫥窗。

Milly 在純白座椅和遮陽棚，散發歐風度假風味的咖啡屋

「Le Village」露天座坐下後，一個多小時內不時看見打扮光鮮的男女，利用購物中途來此用餐、喝杯飲料。

還看見兩個女子像是從好萊塢電影出來似的，全身 CHANEL 還提著大包小包的 CHANEL 購物袋。最印象深刻的則是一個女子，在「Le Village」坐下後，就迫不及待地拿出剛買的紅色高跟鞋，放在桌上如藝術品般欣賞著。

不過在此同時，Milly 也瞥見隔桌的男女有如時裝雜誌出現的模特兒、一個中年打扮入時的男子像是服裝設計師，然後一位氣質的老婦人點了瓶礦泉水優雅地沉思。

巴黎的露天座就是這樣有趣，可以看見各式各樣的故事，即使是以幻想而生的故事。

「Le Village」咖啡真是適合悠閒的地方，不但擁有隔絕於大街隱密幽靜，更因為店員都很慢吊子，點杯濃郁的冰涼芒果汁要等十五分鐘，等飲料上來又等十多分鐘，等結帳又是十分鐘。反正沒什麼急事，偶而這樣悠閒也不錯。

Le Village Royal 不留意，很容易就會錯過。

如果根據地址搜尋，是位在 25 Rue Royale 門牌號碼的地方，從這位置可以看見 Le Village Royal 字樣的兩個石拱門，進去後就可以看見漂亮的中庭花園。

另一種方式是找到 Bread & Roses，正對著 Bread & Roses 則是 Le Village Royal 的另一個出入口（基本上是出口）。在同一條街上並列著有另一個拱門迴廊，從這拱門進去後可以發現幾間個性商店，可惜十一點多，大部分的店家都還沒開店。

巴黎有很多這樣隱身在大街後方的風味小路，例如這條 Le Village Royal 小廣場和之後要去的 Rue du Nil 小街道。

Le Village Royal
地址▶ 25 Rue Royale 75008 Paris
開放時間▶週一～週六，8：00 ～ 18：30 可通過、週日公休

巴黎最濃郁的新鮮果汁品牌 Alain Milliat

在「Claus」享用早午餐時，已經在食品架上留意了這如同紅酒瓶裝的品牌果汁「Alain Milliat」。當在「Le Village」點了杯濃郁芒果汁時，更是充分懷疑這果汁一定是來自 Alain Milliat。

Alain Milliat 的創業者是來自里昂近郊 Orliénas 的果農家庭，熟知果實真正的美味。

在做了十五年的果農後，有感於市面上的果汁都太人工化，跟他辛苦栽種的水果原味差異過大，於是開始挑戰以樹上熟成的水果，製造出了更接近果實原汁，甚至是更頂級的介於果汁和果蜜的果汁品牌 Alain Milliat。因為是沒放入糖水等人工物質，每一種口味的果汁，每一年還會因為不同的收成狀況而有所不同呢。

現在這果汁不但可以在各大超市買到、在不少的咖啡屋內喝到，也深受米其林名廚的讚賞，進而在店內提供。

Milly 這次還特別去了位在 7 區艾菲爾鐵塔附近 Alain Milliat 開設的餐廳，在牆上擺滿果汁瓶裝的舒適沙發店內，從 Menu 密密麻麻三十多種的果汁口味中，選了 NECTAR PECHE 的蜜桃果汁。

店員拿出一整樽冰鎮的果汁瓶，注滿一杯同時將還有半瓶果汁的 330ml 瓶子放在一旁。

一口喝下，冰涼濃郁、甘甜中帶著清爽的酸味，之前在「Le Village」喝的芒果原汁已經充分濃郁，這蜜桃汁更是濃郁得彷彿是果泥一般。

Milly 不懂法文不能閱讀，聽說果汁瓶子上除了標示口味外，還會註明這果汁適合早餐喝還是餐前喝、餐後喝。

餐廳在上午八點開始營業，因此除了來這裡吃清爽的美味套餐外，似乎更可以在一早來到這裡喝著濃郁果汁配上出爐麵包，作為一天開始的幸福早餐。

Alain Milliat
地址▸ 159 Rue de Grenelle 75007 Paris
營業時間▸ 8：00～22：00（週日 11：00～、週一公休）
最近地鐵站▸ La Tour-Maubourg

橄欖油後的醬油香

待 JoJo、Tina 買了滿意的品牌服飾後，四人再次會合，之後搭乘地鐵前往不遠的「Sentier」地鐵站，當日預約了這地鐵站從 2 號出口出來，路程兩分鐘附近的「ZenZoo Foodi」亞洲風味餐廳用餐。

在歐美地方旅行，偶然會很想吃醬油味的料理和米飯。在巴黎要這樣味覺轉換不難，最簡單的方式是前往 13 區，找間中國或是越南餐廳用餐，要不就是去歌劇院附近的日本街吃碗拉麵。

這次 Milly 刻意選在有些陌生的巴黎 2 區 Rue du Nil 小路上的「ZenZoo Foodi」享用東方料理，主要是因為朋友的推薦。朋友知道 Milly 要去巴黎小旅行，就很 nice 地介紹了在巴黎從事餐廳的朋友，希望在巴黎時有所照應。實際上，還沒來到巴黎已經麻煩了這位朋友，請她幫忙提前在三週前預約餐廳。因此知道她的餐廳有美味亞洲料理，就怎樣都想親自去探訪兼用餐。

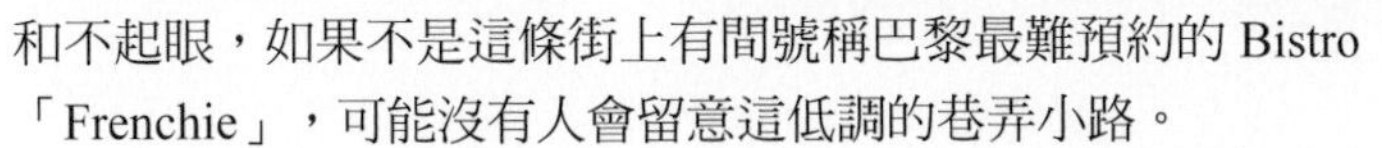

只是在出發前搜尋前往「Zen Zoo Foodi」路徑時，意外發現原來餐廳所在位置，正是日本雜誌大推的巴黎隱藏版「美味街道 Rue du Nil」。

實際前去時完全驚訝於 Rue du Nil 街的狹窄和不起眼，如果不是這條街上有間號稱巴黎最難預約的 Bistro「Frenchie」，可能沒有人會留意這低調的巷弄小路。

除了可以列為巴黎十大餐廳之一，二〇〇九年開業的「Frenchie」外，這條兩百公尺不到的街上還有包含 Frenchie 主廚也都會利用採買的鮮魚、肉品、青菜食品店「Boucherie Terroirs d'Avenir」，知名餐廳也會採購他們咖啡豆的「L'Arbre à Café」、熟食餐門店「Frenchie To Go」、酒吧「Frenchie bar à vins」，當然 ZenZoo Foodi 也位在 Rue du Nil 的街角位置上。

「Frenchie」只有二十八個座位、只提供晚餐，週日、週一、週二不營業，不提前兩個月預約是訂不到位置的。如果真的想吃卻沒預約，在人數不是太多的狀況下，據說可以試試運氣在店前等空位。

包含前菜、主食和甜點的套餐大約 50 歐元上下。不過「Frenchie」對面二〇一一年開店的「Frenchie bar à vins」，就不用預約也容易入座些。

週一～週五的晚上 7 ～ 11 點營業，同樣只提供晚餐，但料理就不是套餐而是單點的佐酒菜。

另一個品嘗 Frenchie 風味的捷徑，是利用該餐廳同樣系統的紐約風格「Frenchie To Go」，可以外帶餐點回去，自己擺盤享用。更重要的是「Frenchie To Go」不單是熟食外帶店，店內還設有用餐座位，週二～週六 8:30 ～ 17:30 開店提供早餐、中餐，料理偏向年輕化，菜單上有熱狗、漢堡、三明治、炸魚薯條，算是人氣餐廳 Frenchie 的入門版（名牌服飾副牌的感覺）。

這樣看下來就可以知道，光是這條街上就有三間由 Frenchie 主廚 Gregory Marchand 當老闆的餐廳，難怪 Rue du Nil 會被稱為美食街道。

主廚 Gregory Marchand 曾經在大家熟悉的英國名廚 Jamie Oliver（傑米．奧利佛）的英國餐廳「Fifteen」當過十五年主廚，之後才回到巴黎開了自己的餐廳。

巴黎常見的 Bistro

巴黎不少餐廳會以「Bistro」而不是「Restaurant」表示，很多新世代創意法國料理店都會自稱為 Bistro。

Bistro 一般翻作是小餐館、小酒館和家庭料理餐廳。Bistro 跟 Restaurant 的不同，在於座位沒那麼多、裝潢簡單、吃飯不用那麼正式、菜單選擇較少也較常換菜色。

Bistro 是俄文「快速」的意思，但是可不要誤會 Bistro 是快餐店，價位上也未必是比 Restaurant 便宜很多。

因此可以在 Rue du Nil 小街上的 ZenZoo Foodi 用餐，吃著熟悉醬油香料理，還是很愉快的事情。ZenZoo Foodi 的座位都可以看見開放廚房，因此可以一面看著朋友料理過程，也可以在不打擾的情況下跟她聊天。

四人各自點了素食蒸餃定食、越南便當和泰式便當。所謂便當是類似日式的定食便當盒，有飯有主食和配菜。Milly 的越南便當內的酸辣蝦，非常新鮮 Q 彈，很美味。

ZenZoo Foodi 隸屬於以推廣巴黎最新亞洲美食為主旨的「珍品亞洲廚藝工作室」，在這之前更開了提供珍珠奶茶的台餐餐廳「珍珠」和茶藝館「珍藏」。

ZenZoo Foodi
地址▶ 2, Rue du Nil 75002
營業時間▶週一～週五 12:00 ～ 14:30（其他時段為廚藝教室）
最近地鐵站▶ Sentier

PAUL 麵包屋在巴黎很平民

離開 ZenZoo Foodi 走回 Rue Réaumur，通過花木拱門走進非常多餐廳、氣氛很活絡的 Rue des Petits-Carreaux 街上，真是有各式各樣的餐廳、熟食屋，而且幾乎每間都是客滿的。Milly 暗暗地記下筆記，如果下回再來巴黎，不曉得要去哪裡吃飯時，或許可以來此美食探險。

此時，還巧遇位在 Rue des Petits-Carreaux、Rue d' Aboukir 三角街口上，由法國植物學家 Patrick Blanc 創意出的一面漂亮都會植物牆面綠洲（植生牆）。

這樣的概念現在很容易在都會角落看見，甚至一些建設中的工地外牆也會如此運用。

在接近轉車的地鐵站前，Sophia 提議進去路上的「PAUL」，買個杏桃酥皮派作為點心。

其實在當日早上散步時，Milly 也在春天百貨旁的古典風格 PAUL 分店，買了份 1.2 歐元的長棍法國麵包回去。倒也不完全是想吃，只是想嘗試拿著長紙袋包裝的長棍法國麵包，走在巴黎街上的感覺（笑）。

說 PAUL 是法國的國民美食也不為過，真是很容易就在街口看見這麵包屋熟悉的 LOGO。多年前在這麵包店還沒進去亞洲之前來到巴黎，曾經鼓起勇氣進去買過麵包在店內享用。之後不論是去德國、英國或日本，看見 PAUL 這英文字就意外地充滿著安心感。

微妙的是，當 PAUL 來到台北街頭時卻意外地高貴起來，去吃 PAUL 的早餐多少帶著些特別日子的意味。因此，在巴黎能這樣輕鬆入店，以實惠價位買個麵包、點心來吃，自然不會

錯過。

在巴黎吃 PAUL 的麵包沒有特別雀躍的感覺，甚至有些壞心眼地以為實在太普及，品質應該不怎麼樣。可是反過來想，如果麵包在法國餐桌上是如此地重要，麵包店又在法國如此繁多，PAUL 卻能這樣百年來屹立不搖，勢必是有其一定的水準和品質。

一八八九年 Charlemagne Mayot 和妻子在法國北部開了間小麵包屋，這便是 PAUL 創業的開端。現在在全球 PAUL 即使已經擁有五百五十間以上的分店，但是依然堅守只使用契約農場的鄉村冬麥品種。麵包不放入任何添加物或防腐劑，每一塊 PAUL 麵包的製作過程是七小時以上。光是欣賞這樣堅守傳統的精神，在巴黎就該吃吃道地的 PAUL 麵包吧。

回到投宿了兩天周邊已經有些熟悉的 Hotel Basile，拿出寄放在行李室的行李，同時請求櫃檯幫忙 Call 計程車，前往左岸的下一個住宿 Hotel「La Maison Saint Germain」（梅森聖傑曼酒店）。

基本上巴黎的計程車只能乘坐三人，想四人同乘一輛計程車要經過溝通有些小麻煩。

因此與其自己到街口攔車碰運氣，還是請櫃檯幫忙叫車較能說明狀況。

此次在巴黎請不同的 Hotel 櫃檯分別 Call 過計程車，一次是前座沒加收額外費用，甚至是行李也沒收費。可是一次是前座加收了 3 歐元，每件行李則是 1 歐元計費。似乎是後者比較符合巴黎習慣，但也是看運氣？不是很明白。

可以眺望巴黎鐵塔的十六世紀日租公寓 La Maison Saint Germain

位在左岸、是巴黎傳統公寓模式、有廚房、有露台、同棟建築內有可以諮詢的管理人、不用付出押金保證金、無需到特定的地點索取鑰匙、可以上網、有保險箱、靠近地鐵、住宿後的顧客迴響評分高。

在巴黎要找到這樣條件的日租公寓，其實未必很難，但最好是提前半年多預約，然後有一定的英文能力可以跟屋主書信溝通，或許也需要有相當程度的歐美旅行經驗。

至於 Milly 想以最單純、便捷的方式，透過 Booking.com 在兩個月不到的時間點上預約，能尋獲的就是這間位在 Saint-Germain 街上，靠近花神咖啡和地鐵站的「La Maison Saint Germain」梅森聖傑曼酒店。

「La Maison Saint Germain」一共有七個房間，選了可以住宿 4～6 人的頂樓兩層公寓房間，價位的確比同棟低樓層房間價位偏高，四人住宿三天兩夜約要 1258 歐元，在四人分攤的情況下就想偶而小奢華一下。

在透過國際訂房網站平台完成網路預約的同時，Hotel 也即時來信確認，在住宿前兩週信用卡依照預約方案約定扣款完成，Hotel 再次來信確認當日到達時間，在信上也註明了大門和第一道門的電子鎖密碼。

說實在，若不是住宿前已經上網看了其他人住宿的分享，大致知道入口的感覺，否則真是會很迷惑「La Maison Saint Germain」的入口在哪裡。

「La Maison Saint Germain」是日租的公寓式 Hotel，跟一般有大廳的飯店入口不同，因此入口就是公寓的大門。

半信半疑地按了密碼鎖，門打開的瞬間還挺興奮的。推開門是走廊，需要繼續開第二道密碼鎖。這時位在一樓的工作人員也聞聲（或是透過監視器）出來迎接。

搭乘拖著行李必須兩人分批上樓的古老電梯來到六樓，很開朗且英文很好的女職員，也剛好氣咻咻地從古董級的扶手梯爬到六樓。

跟大家說明了屋內設備，交出兩把鑰匙後，這可以從陽台眺望巴黎鐵塔的兩層頂樓公寓，就是四人的短暫住家了。

此次，久違地搭上往歐洲的長程線飛機，飛往久違的巴黎。

算算該是第六次踏上巴黎這城市，不過徹底體驗一週間的節奏卻還是第一次。出發前被網路上、朋友關於巴黎治安惡化、扒手猖獗、詐騙層出不窮的負面訊息給惹得情緒七上八下。甚至還有一度有些負氣地想，這也擔心那也顧忌的開始一個旅行實在是太無謂，乾脆放棄好了。

好在沒有放棄，因此才能在五月相對舒適的巴黎藍天下，愉快地漫遊、發現著巴黎不同以往印象的清新風貌，小小地自我滿足於「已經可以用相對大人的成熟姿態品味巴黎」的微妙自信中。

或許一開始沒有抱著過大的預期，甚至還有那麼些負數的預期，於是旅行才會在「原來還不錯」、「高於預期」、「超乎預期」的情緒加分中體驗著愉快旅途。相反的，一開始期望值就設在滿分的位置，稍有不如預期就必須面對失望的低落心情。

Milly 也不是一直都能很精準掌握旅行期望值的平衡點，幾經盤算預約的十六世紀古典公寓雙層頂樓套房，實際住宿時，卻難免被眼前露台上接近破損的鐵桌椅、似乎已經應該報廢的沙發床和客廳的假花給弄得情緒動搖起來。完全對不上訂房網路照片呈現的古典優雅裝潢印象，以為「古」舊是有著，典雅卻已然磨損多時。

真要說也沒有那麼糟糕，只是期望過大，失望就會伴隨而來。然後預期破滅後的負分情緒，卻又被之後因為住宿在這頂樓日租公寓 Hotel 而獲得的美好特權給持續加分，最後是帶著滿滿的美好回憶離開。

頂樓陽台的桌椅雖然沒有網頁上的花色桌布，上面沒有擺放著水果、鮮花，但從六樓陽台位置看去的清晨、暮色、夜晚、雨中的巴黎鐵塔風景依然是迷人。

走去巴黎老舖花神、雙叟咖啡，都是三分鐘以內的距離，可以在早上七點半開店的

同時，進去喝杯熱呼呼的濃郁巧克力配上可頌。散步路上採買麵包、好酒、水果、火腿，可以利用附設的廚房，為自己準備一個巴黎生活風貌的淺酌晚餐。

前去奧賽美術館看梵谷特展，也可以一路輕鬆走去。先在 Saint-Germain 大街上的老舖新裝咖啡屋「MAISON PRADIER」，外帶一個出爐麵包邊走邊吃，之後穿入導覽書上絕對不會特別記載推薦，有著個性藝廊、雜貨屋、糕餅店、水果行的風情街道。這樣以散步的步調走去奧賽美術館，想必會比從地底穿梭的輕鐵車站出來，走向奧賽美術館來得趣味。

最美好的記憶還是，沿著清晨雨後的石板路，走去從住宿陽台俯瞰，一直好奇是什麼地方的雙圓頂聖堂。出發之前 Google 了一下，知道原來是出現在電影「達文西密碼」中重要場景的「聖許畢斯教堂」（Saint-Sulpice），於是興致就更高昂。

清晨七點不到的多雲有雨日，正因離住宿公寓 Hotel 很近，腳步不自主地就悠然輕鬆起來，時而抬頭以聖許畢斯教堂的高聳塔頂來判斷方位，時而隨著興致繞著不是顯然主路線的小路。然後，一瞬間，真的不過是一瞬的感覺。

天光開了，微微的暖意，凝神一看，眼前正好是聖許畢斯教堂的後方位置。金黃柔和的光線就這樣灑在神聖的聖殿上，

那一刻的感動讓人難忘。

或許帶著滿滿期望預約住宿的旅店是一個不符合期待的開端，可是如果沒有這不完美的開端，就不會有之後的美好經驗。

「La Maison Saint Germain」面對熱鬧的 Bd. Saint-Germain 大街，對街就是地鐵站「Mabillon」，若要走去地鐵站「Saint-Germain-des-Prés」也是三分鐘不到的距離。

周邊的餐廳咖啡屋不少，對面就有法國淡菜（Mussels）鍋料理店「Léon de Bruxelles」。

這在巴黎擁有香榭大道等九間分店的連鎖店，原來是發跡於比利時的餐廳。如果記憶是可靠的話，Milly 上次來到巴黎就是選擇位在 Saint-Germain 大街的這間分店，自己一個人寂寞地對著一鍋奶油淡菜鍋享用晚餐。

不過都刻意預約了有廚房設備的公寓 Hotel，就想體驗一下自炊的樂趣。

從「La Maison Saint Germain」旁的小路進去，就有規模不是太大卻頗有風味的傳統市場，可以買到鮮魚、兔肉、烤雞、蔬果、起司等等。不擅於跟小攤對話，同條路上也有什麼食材幾乎都可以買到的超市 Carrefour Market。

可是雖然廚房設備、餐具都算齊備，但是以住宿的天數來

看，要一次買齊可以烹飪的油鹽醬醋似乎也不合理，於是採買偏重在熟食、下酒菜和沙拉、水果等是必須先認定的方向。

論方便的確可以就近採購晚餐，不過時間還早，就先跟著Sophia等人，前去貴婦百貨「Le Bon Marché」樂蓬馬歇百貨公司，分頭採買自己有興趣的東西。

Milly跟貴婦這頭銜完完全全無緣，於是搭乘地鐵來到「Sèvres-Babylone」站後，就跟Sophia等人分道揚鑣，他們先是逛「Le Bon Marché」，之後再去一旁的別館「La Grande Épicerie de Paris」採買外帶晚餐。Milly則剛好相反，先逛出發前就興致多多，剛在二〇一三年十一月完成全面翻新的「La Grande Épicerie de Paris」，之後再去「Le Bon Marché」三樓的Rose Bakery Tea Room下午茶。

歐洲的樓層算法

巴黎基本上也是歐洲樓層的算法。

0層是指一樓、一樓是我們的二樓，以此類推。地下室則是以－1標示。

氣勢與品質兼具的 La Grande Épicerie de Paris 食品館

Le Bon Marché 於一八三八年開始營業，是法國最老的百貨公司，甚至有說現今在哪一個大都會都不會缺少的百貨公司販售模式，就是 Le Bon Marché 第一代老闆 Aristide Boucicaut 夫婦的商業創意。

創業初期也未必是如此的高貴，因為原本店名是「物美價廉」的意思。可是現在放眼望去都是名牌服飾鐘錶跟平價完全無緣，這一切的改變都是因為這百貨公司已經納入擁有 LV、Dior、FENDI、豪雅錶、軒尼詩等五十多個知名品牌的 LVMH（路易 ‧ 威登集團）。

有說觀光客大多會選擇較靠近羅浮宮、歌劇院的春天百貨、拉法葉百貨，巴黎的有錢人則偏愛這間 Le Bon Marché 精品百貨。二〇一二年全面翻新改裝後，這間外觀氣派的百貨公司除了典雅，也多了符合時代的時尚品味。

如果跟 Milly 一樣，不買名牌，那就多留些時間轉往對面的 La Grande Épicerie de Paris，採買兼參觀這間漂亮的食品展示空間。

Le Bon Marché 在一九二三年於對街設置了食品專櫃，一直到了一九七八年才以 La Grande Épicerie de Paris 定名，成為從 Le Bon Marché 獨立出來的精品食品館。

La Grande Épicerie 的原意是很大食舖。

歷經一年半的整體規劃翻新，二〇一三年嶄新的 La Grande Épicerie de Paris 讓進去的人不由得驚呼連連，忍不住拿起相機拍照。3000 平方米的空間，分為酒窖、食品雜貨

區、新鮮食材區和由七十多位職人共同呈現製作過程的糕餅、起司、熟食等的實驗店舖區。

光是礦泉水就可以擺設得彷彿是一面藝術創作牆面、色澤豐富新鮮的蔬果，以豐收的氣氛堆放在貨車上面、起司品類多到讓人無從下手、La Rôtisserie 的烤雞、火腿和精美熟食則讓人食慾大增。更別說那占了很大面積的酒窖，更是光是置身其中都很雀躍，說這裡是饕客的樂園也不為過。La Grande Épicerie de Paris 內有光線透亮的綠意餐廳「Table de la Grande Épicerie」，酒窖旁邊也設有 restaurant-wine bar BALTHAZAR，可以吃著佐酒料理淺酌。

La Grande Épicerie de Paris 不單可以滿足食慾，這裡也是購買伴手禮不錯的選擇，各式各樣的巧克力、咖啡和茶品一起擺在眼前，可以一次選擇購入。

若說這頂級食品廣場最大的缺點，則是真的是選擇太多，讓人有些幸福到昏眩反而不知道自己真正想要的是什麼。

待那被眼前豐盛食品挑起的雀躍漸漸冷靜後，Milly 在買了些許當晚佐酒的火腿、麵包、小菜後，轉往對面的 Le Bon Marché，只是沒流連任何品牌專櫃，而是一直線走上階梯來到三樓（亞洲樓層的二樓）食器、廚房用品區旁的 Rose Bakery Tea Room，享用稍微晚了些的下午茶。

La Grande Épicerie de Paris
地址▸ 38, Rue de Sèvres 75007 Paris
營業時間▸ 8：30 ～ 21：00（週日公休）
最近地鐵站▸ Sèvres-Babylone

Rose Bakery 大喜歡

「Rose Bakery」是由英國女子 Rose Carrarin 創業的 Rose Carrarin 烘焙咖啡屋，繼一號店於巴黎開始後陸續在英國、日本、韓國等地展店。

「Rose Bakery」以有機食材的健康熟食和甜度適中的英式甜點為特色。Milly 在東京去過銀座店享用過假日早餐，也去了丸之內 Comme des Garçons 品牌服飾店內的 Rose Bakery 附設餐廳，吃過清爽口味的精緻午餐。

本來就很喜歡 Rose Bakery，知道巴黎的 Le Bon Marché 新設了 Rose Bakery 的 tea room 自然會想來朝聖，假期間還去了瑪黑區和聖心堂山丘下方的 Rose Bakery 分店。跟數間東京分店比較起來，巴黎的本店或是分店，都更能貫徹 Rose Bakery 的自由清新風格，因此也更加地喜歡。

有別於東京分店的純白透明感，也跟巴黎其他分店的農舍廚房氣氛不同。

Rose Bakery 位在 Le Bon Marché 的最新分店採都會的 tea room 形式，空間明亮開放且高挑寬敞，店內同樣是將有機食品、蔬果隨性地擺設在店內角落，但是少了其他分店入口處的熟食外帶玻璃櫃，多了很多舒適的沙發座和時尚裝飾。

Rose Bakery Tea Room 的午餐從十一點半一直提供到下午四點，是逛街中途用餐的好選擇。Milly 在五點多進去雖說有些偏晚，還是點了飲料配上點心的下午茶 SET。

本想點茶品，看見飲料單上有最愛的 ROSÉ（粉紅酒），瞬間改變主意點了冰鎮的 ROSÉ，配上草莓口味的檸檬蛋糕。

平常應該不會這樣點餐，都是因為身處在貴婦百貨店內不由得就做作起來吧。

其他桌的客人除了不少是購物中途小歇的女子團，但也有

將這茶屋當做是自家客廳，帶著放學的小孩作功課或是認真翻閱資料的都會女子。

Le Bon Marché
地址▸ 24, Rue de Sèvres 75007 Paris
營業時間▸ 10：00 ～ 20：00（週四、週五～ 21：00、週日公休）
Rose Bakery 開店時間依「Le Bon Marché」而定

之後一個人先提前返回投宿的「La Maison Saint Germain」，利用廚房準備了似乎分量多了些的淺酌晚餐。

八點過後如期待的，端著酒杯從陽台看去暮色中的巴黎鐵塔。

能這樣度過巴黎時光有著些許美夢成真的小確幸，身心都沉浸在美酒和幸福的微醺中。

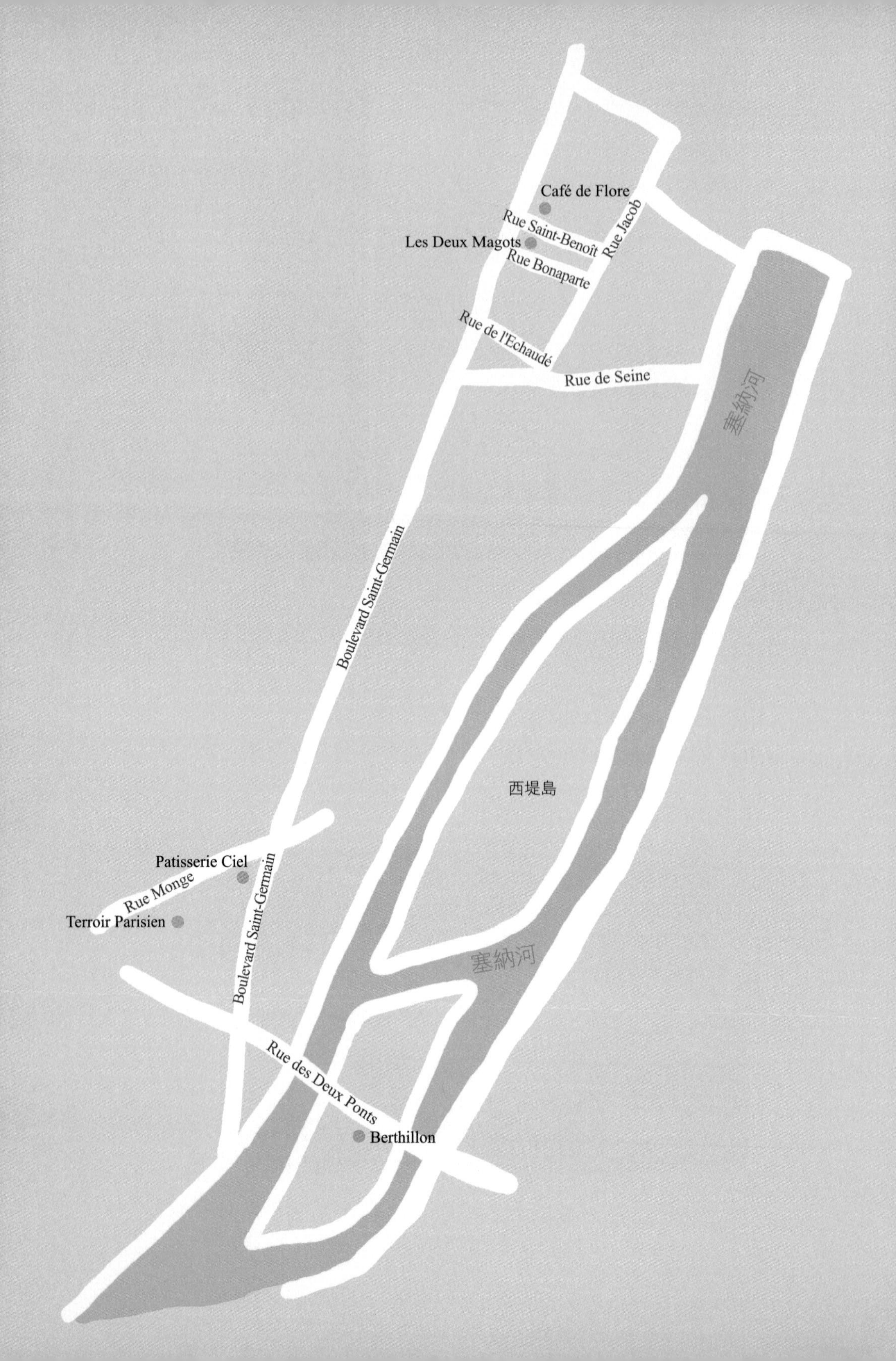

Café de Flore
Rue Saint-Benoît
Les Deux Magots
Rue Jacob
Rue Bonaparte
Rue de l'Echaudé
Rue de Seine
塞納河
Boulevard Saint-Germain
西堤島
Patisserie Ciel
Rue Monge
Terroir Parisien
Boulevard Saint-Germain
塞納河
Rue des Deux Ponts
Berthillon

Chapter 4
不同的幸福另一天

距離房間三分鐘的花神、雙叟幸福早餐

投宿「La Maison Saint Germain」最期待的是從露台遠眺巴黎鐵塔，得以沉浸在巴黎微住遊中的氣氛，另一個無可替代的特權則是百年老舖早餐時光。

不可否認的，即使知道 La Maison Saint Germain 距離同一條街上步行三分鐘不到的地方，正是大大有名的「雙叟咖啡」、「花神咖啡」，依然有些猶豫該不該再次體驗這觀光客朝聖級的咖啡屋。當一間咖啡屋已經跟遊覽區畫上等號，體驗一次無妨，但再次體驗的價值就難免質疑，甚至認同這兩間咖啡屋的名氣已經凌駕了咖啡屋本身價值的說法。

可是想想都住在旁邊卻不去享用，未免過於刁鑽刻意，不如就以去一間咖啡屋吃早餐的心態再次前往。

可是這「既然住在附近就去吃早餐吧！」的輕浮舉動，卻意外讓 Milly 對這兩間咖啡屋的主觀印象大大改變。

住宿 La Maison Saint Germain 三天兩夜的第一個清晨，去了花神咖啡館（Café de Flore）。

資料顯示是上午七點開店，實際來到店前，卻發現咖啡屋還在謹慎嚴密地進行開店準備。真的是非常非常嚴謹的，工作人員似乎連任何一枚指紋都不放過地擦拭著玻璃，店前的人行道也用水清洗過。

穿著白色襯衫黑背心、圍著雪白無痕圍裙的資深級侍者，面容驕傲地說明七點半才開店。有的人或許不是很習慣這些侍者驕傲的態度，不過 Milly 倒不算太排斥，甚至落在適度被置之不顧（被虐狂？）的情況中。

以為滿臉笑意、親切熱情的侍者，不該在這樣一八八五年誕生，跟著文學家、演員、名流一起窺看著巴黎變遷的老舖咖啡屋內出現。

為什麼資料多數標示花神咖啡是在七點開店，實際上卻是七點半才營業呢？

明明看見兩、三位不像是觀光客的當地人，就這樣進去室內坐下了，難道是就是想為難觀光客？

同樣的情形也出現在第二天前去雙叟咖啡館（Les Deux Magots）時，不過～後來 Milly 在雙叟得到了自己觀察後的答案，之後分享。

既然是七點半才營業，就先在周邊散個步，之後準時回來，在露天座和室內座中間的半開放座位區，選了個可以環看周遭的位置坐下。

這時其他客人也陸續來到，不過畢竟時間還早，同樣坐在遮棚座位區的，就只有 Milly、一位同樣是觀光客的歐美女子以及一位牽著狗散步過來的常客。

認定溜狗的男子是常客，因為侍者和貌似經理的男子，都很熱絡地跟這位頗帥的男子打招呼，Milly 還一度懷疑，會不會其實男子是知名演員或是名人。

本以為花神咖啡館已經早被巴黎本地人唾棄，可是根據當日觀察，一早其實還是不少本地人來到花神享用日常早餐，只是大多會選擇在室內座位。

點了日本雜誌大推的花神名物ショコラ　ショー（Chocolat chaud 熱巧克力奶），再從桌上以透明盒蓋上的可頌麵包盤，拿出一個可頌來吃。

桌上也放了一盆煮蛋，可以讓客人自由拿來吃。

不過千萬不要誤會這是 ALL YOU CAN EAT 的自助餐形式，當餐後侍者來到桌邊結帳時，客人必須告知吃了幾個可頌或是煮蛋，侍者就會加上飲品等單據來結帳找錢。

花神咖啡的可頌分量十足不錯吃，但是這日早餐最難忘的，除了那清晨獨有的寧靜悠閒氣氛外，就是那以銀壺端出，熱呼呼的香醇濃郁熱巧克力。

真的好好喝、好好喝，或許是目前喝過最好喝的巧克力也不一定。

香味濃郁、甜度適度、口感綿密，跟以可可粉沖出可可亞或是巧克力粉沖出的巧克力奶，完全是不同次元的美味。

如此美味也是理所當然，花神咖啡的 Chocolat chaud，是以巧克力切碎再溶解之後調製。Chocolat chaud 以銀壺端出，喝時再倒入瓷杯中，因此一直到最後都是熱熱的，冬天飲用勢必更加完美。一壺 7 歐元的熱巧克力，可以很豐富地倒出三杯呢。

在承襲左岸咖啡人文風貌百年歷史花神咖啡館，享用超乎預期的優雅美味早餐後，增強了隔日繼續挑戰「雙叟咖啡館」早餐的信心。

跟前日一樣，Milly 在七點開店同時就來到店前，可是同樣的店員表示七點半才開始營業。不過當時 Milly 真是誤解了，後來查看資料雙叟咖啡館真的就是在七點半開店，只是前日經驗使然，就自以為是地學著在地人，大大方方地選了個室內的位置坐下。

不過這誤打誤撞的自以為是行為，卻讓 Milly 看到了難忘且動容的老舖咖啡館人物風景。

七點半前的雙叟咖啡屋異常地安靜，侍者安靜地準備著開店、工人安靜地送貨進來、古董旋轉門旁座位上哲學家風貌

老人安靜地看著報紙、坐在隔著 Milly 兩張桌位的牆邊座位上的文學家氣息中年男子安靜地低頭苦思中。

時光緩緩地流洩著，在接近七點半時分，一位熟齡男子進來，恭敬地跟老人打招呼，然後在對面坐了下來。

之後一位熟齡女子進來，同樣恭敬地跟老人打招呼，也同樣坐了下來。老人開始像是講述什麼似的，兩人則是沉迷地傾聽。

接著一位老婦人進來，帶著些許沒落皇族氣質。

七點半一到，侍者如同按鍵啟動一般，開始將咖啡陸續放在哲學家老人、文學作家風味男子和老婦人的桌上，之後才將 Menu 放在 Milly 這樣的觀光客桌上。

在地常客和偶然旅人的招呼差異，讓這本來就充滿文學氣息的咖啡館，更多了些魅力的故事性。

日後根據一份資料獲知，原來即使開店期間雙叟咖啡館總是被鬧烘烘的觀光客給塞爆，但是實際上在地的客人還是占了百分之三十以上呢。

知道原來不論是花神或是雙叟，其實都還是被當地人肯定著，讓 Milly 莫名地暗自安慰起來。

避開觀光客活躍的時間點，選在開店前後進來，或許就能體會老舖咖啡屋不同的面相。

同樣在一八八五年開業的花神和雙叟咖啡館，隔著一條巷道比鄰而居，兩者風味卻是完全不同。花神像貴婦、雙叟像紳士。花神的魅力在華麗雍容、雙叟則是沉穩氣度。花神偏向藝術性、雙叟則是文學感，其實連侍者的姿態和咖啡館內流動的節奏，都是完全不同的。

點了熱牛奶和咖啡分開的 café crème，配上附上果醬和奶油的烤麵包（tartine beurre et confiture）。果然是老舖風範，端上的早餐，除了超級好吃的法國 ÉCHIRÉ 艾許微鹽奶油外，不僅僅是咖啡杯、餐盤上有雙叟 LOGO，附上的巧克力薄片、糖包、餐巾紙也都有雙叟標幟，最讓人亢奮的是連果醬都是雙叟特製呢！

café crème 加上簡單的果醬烤麵包，需要 13 多歐元。貴不貴？的確不便宜，但是加上雙叟咖啡館的傳統價值，就無需斤斤計較，絕對值得。

café 不是咖啡、Toast 不是土司？

當 Milly 看見 Menu 上出現熟悉的英文 Toast（土司麵包）時，就很高興地要點這 Toast。可能是巴黎侍者已經受夠了觀光客的「白目誤解」，立刻比手畫腳地解說，這 Toast 不是方方的土司，而是將麵包烘烤過的意思。

同樣的就像是當 Milly 點「café」時，大部分的店員也都會比出濃縮咖啡 SIZE 的手勢，提醒這可不是你們想像中的咖啡。

Café de Flore
地址▸ 172 Boulevard Saint-Germain 75006 Paris
營業時間▸ 7：00 ～午夜 2：00（無休）
最近的地鐵▸ Saint-Germain-des-Prés

Les Deux Magots
地址▸ 6 Place Saint-Germain-des-Prés 75006 Paris
營業時間▸ 7：30 ～午夜 1：00
最近的地鐵▸ Saint-Germain-des-Prés

奧賽美術館大鐘內的咖啡屋

JoJo 提示最好提前在奧賽美術館（Musée d'Orsay）開門的九點半前排隊，以避開排隊買票入場人潮節省時間。計算從住宿 Hotel 走去美術館大約要花上 20 ～ 30 分鐘，將出發時間提前將路程預設得寬裕些，一方面是希望能排在進場隊伍前列，也希望一路散步過去時，可以更舒適地走走看看。

巴黎市內有大大小小的美術館、博物館，原本就沒想過試圖每間都去報到，這次更是打從企劃旅行開始就已經決定，美術館行程只放入羅浮宮和奧賽美術館。

而且前去奧賽美術館的主要理由居然不是莫內、雷諾瓦偉大的畫作，而是美術館內的咖啡屋「Café Campana」。

不過運氣很好的是，滯留巴黎期間剛好遇上奧賽美術館的梵谷作品特展，的確也讓頗喜歡梵谷的 Milly 增添了更多期待。

四人順利地在開館九點半後的十分鐘內買票進場，之後 Milly 先跟三人說聲午餐時再見，就依照自己的速度開始走馬看花奧賽美術館。

奧賽美術館收藏以十九、二十世紀印象派為主，只是要注意的是於二〇一一年後，除了咖啡屋、餐廳和俯瞰風景的露台外，已經全面禁止拍照。雖說不免遺憾，但也因此能更專心瀏覽作品。

首先直奔梵谷特展，能看見很多難得親眼一見的梵谷作品非常興奮，為了保存這次的記憶，還有些失控地買了不少畫作明信片。

之後前往可以看見不少熟悉經典印象派畫作的五樓，像是莫內的《藍色睡蓮》、《撐傘的女人》、雷諾瓦的《村裡的舞會》等。多年來只要是於美術館看畫作、雕塑，都是以「啊～這個有印象，這個看過！」的形式，真是一點都沒長進。

奧賽美術館建築本身已是最大的作品，尤其喜歡車站時期留存下來的兩座大鐘。

十點後 Milly 來到五樓大鐘裡側的咖啡屋「Café Campana」，二〇一二年經由巴西現代藝術家 Frères Campana 兄弟，以「夢境中的水畔」為意念將咖啡屋更新改裝。

在重新改裝之前，這位於大鐘後方的咖啡屋稱為「Café de l'Horloge」，店名是「大鐘咖啡屋」的意思。

除了第一眼就奪取絕大印象的大鐘外，空間裝置了很多糾纏的紅色、黑色軟鉛線，或許是想呈現海底珊瑚印象，這些如同解不開線團般的線條圖案，也出現在菜單和餐具上。

吸引目光的還有垂吊的金屬銅色大燈，這些金屬燈罩反射著從大鐘透入的自然光，使得明明是開放感很高的餐廳，卻有了迷迷濛濛的飄忽氛圍，連現代和過去的界線也模糊起來。

當日中午已經預約了午餐餐廳，但又想置身在 Café Campana 的獨特空間中，於是就想不如以午餐前奏的感覺，點了杯店員推薦的白酒。

白酒真的非常好喝，亂點的甜品居然也有那麼點前菜 Feel。

那天點的清爽甜點是「MINESTRONE DE FRUITS」（新鮮水果湯佐羅勒），MINESTRONE 原本是義大利的雜菜湯，這裡則是用水果替代的蔬菜以餐後甜品呈現。

在奧賽美術館入口處下方搭乘RER C線，接著穿越有些迷亂的地下通道繼續轉搭地鐵線，前往午餐地點的Maubert - Mutualité地鐵站。

一出了地鐵站，慣例地還是迷了路，好在距離跟JoJo三人於餐廳前會合的12點時間還算充裕，於是先放任自己在迷路的狀況之下遊晃周邊。

Maubert - Mutualité周邊林蔭豐饒，風味的小店、藝廊、家飾店不少。本來以為應該已經算是住宅區，實際上卻還是看見不少觀光客隊伍在移動。

原來不過步行個十多分鐘，通過Saint Julien le Pauvre教堂和塞納河，就是巴黎觀光大名所聖母院和西堤島。

之後繞回Maubert - Mutualité地鐵站，問了路，掌握了餐廳方位，在這之前還趁機在地鐵站前小廣場上充滿生氣叫賣聲的露天市場「Maubert Mutualite Market」，買了新鮮水果覆盆子和杏桃。熱愛美食的巴黎人依然信賴著傳統生鮮市場，比起在超市採買，傳統市場的確還是有樂趣得多，水果也新鮮得多。

奧賽美術館內的三個用餐空間

奧賽美術館內有三個用餐空間，分別是大鐘後的「Café Campana」（Le Restaurant）、富麗堂皇的餐廳「Le Restaurant」和在白熊雕塑旁的簡餐咖啡座「Café de l'Ours」（熊咖啡屋）。

ARTAUD
Musée d'Orsay
PLACE
HENRY-DE-MONTHERLANT

巴黎小酒館 Terroir Parisien 的美味午餐

Milly 不是美食家，只是愛吃。

這次巴黎假期難得請朋友事前代為預約幾間餐廳，只是很單純地想都來到美食之都巴黎，又有同行的友人助長聲勢，何不盡情享用幾餐。

可是巴黎的美食餐廳這麼多，該如何著手？

首先不會鎖定很貴的米其林餐廳，除了不想太敗家，也是不看好自己有足夠的美食常識，更不想吃餐飯緊張兮兮，必須盛裝還要溫習一下餐廳禮節，總之就是不想被餐廳的氣勢試煉（笑）。

因此目標就可以縮小些，能跟米其林沾上些邊也不錯，小酒館形式的 bistro 就更好。同時 Milly 深知自己早就被日本的料理美學給弄大了胃口，於是用餐的空間和料理的擺盤，就是更進一步篩選的重點。

如此出發前參考手上已經收集了好一段時間的日本雜誌巴黎美食專題，遷就以上條件，同時配合預約住宿 Hotel 的交通動線，就列出 Terroir Parisien 等用餐選擇。

先決條件是沒有非吃不可的餐廳，假期時間有限，非必要不去排隊才能享用的美食餐廳。

只是才從巴黎回來，Sophia 就傳來情報，二〇一四年七月中旬 Terroir Parisien 要在台北的 101 餐廳「STAY」，提供期間限定快閃店料理。

主題是「帶領大家轉移時空，用味蕾體驗愜意巴黎人的生活」。此消息一出，本來已經是很美好的 Terroir Parisien 美味午餐體驗，就又增添了小自滿的情結（笑）。

Terroir Parisien是帥哥米其林三星主廚雅尼克・亞蘭諾 Yannick Alléno，於二〇一二年三月開設的餐廳。以實惠價錢享用使用巴黎近郊的新鮮蔬菜、農場肉品，創意不失品味的法式家庭料理，是這間餐廳迅速成為即使是中午都最好事先預約的人氣餐廳的最大主因。

Terroir Parisien 外觀是厚實沉穩的石造建築，建築的前身是一九三〇年期間興建的古老劇院，推門進入立刻喜歡上那明亮、簡約、高挑的寬裕空間感。

或許有些主觀也不一定，但是那一刻 Milly 為自己對巴黎美食的期待，下了以下的定義：「這正是一直想要搜尋的，傳統美食加上新世代感性的巴黎餐廳新風貌。」

當然用餐不是吃空間，料理美味依然是不可動搖的重點。好在 Terroir Parisien 的料理和用餐氣氛同樣不負期待，是非常滿意且 CP 值很高的一餐。

Milly 和 JoJo 都是熱愛美食的金牛座，日本料理是 Milly 擅長的範疇，歐風料理就要靠 JoJo 發揮。Terroir Parisien 的早晚餐都沒有套餐必須各自單點，在 JoJo 的建議下點了招牌黑布丁肉凍、醃酸瓜、草菇釀蝸牛肉和一整顆青菜包住煮蛋培根

米其林三星主廚

二〇〇七年法國中生代名廚 Terroir Parisien 為任職主廚的餐廳摘下米其林三星，之後自己成立飲食集團，台北 101 的「STAY」正是隸屬於這集團下的餐廳。

的沙拉，四人一起分食。之後再各自點自己的主食，甜點則是視餐後的胃口。

主食 Milly 選了放了很多青菜，擺盤完全符合期待很漂亮的燉豬肉。JoJo 和 Sophia 都點了魚料理，Tina 則是小鐵鍋燉肉。每道主菜都放入了色澤光鮮的豐富蔬菜，而且也都在精緻之外吃到溫暖的家常口味。

Terroir Parisien 的法文意思是「法國的鄉土」，事實上這裡的餐點強調的正是「地產地銷」、「在地取材」，甚至聽說主廚堅持只用距離巴黎方圓一百五十公里內種植、生產的食材。

在餐廳牆上除了放置了新鮮蔬菜，更掛上了農產品生產者的姓名列表。

之後 Sophia 點了甜點單上期待已久的「法國土司」，Milly 則是看不懂甜點名稱是什麼，在活力女店員的建議下，從點心玻璃櫃內選了像是奶酪的甜品 île Flottante Coquelicot，是一種正式名稱為「漂浮島」的法式甜點。

île Flottante Coquelicot 入口甜蜜又鬆軟濃郁，是美味餐食的美好的句點。

四人如此盡情點餐加上兩杯白酒一樽礦泉水、兩份甜品，

算入服務費，餐費是 168 歐元。

這樣的價位、這樣的水準，還有明快舒適服務和用餐環境，也難怪十二點半後進入用餐時間，即使是非假日餐廳也是滿座狀態。

離開前透過玻璃牆往熱氣騰騰的開放廚房看去，發現廚師都好年輕而且男女都有，這時才發現這天居然忘了點凸顯 Terroir Parisien 年輕風格，以棒麵包夾入小牛肉香腸的「法式熱狗餐」（Veau Chaud）。

Milly 是透過巴黎旅居的朋友代為預約，透過該餐廳的官方網頁同樣可以英文完成預約。

Terroir Parisien
地址▶ 20 Rue Saint-Victor Paris 75005 Paris
營業時間▶ 12：00 ～ 15：00 / 19：00 ～ 23：00（年中無休）
最近地鐵站▶ Maubert - Mutualité

當日本遇上巴黎

日本人喜歡巴黎、憧憬巴黎，女性雜誌長年來樂此不疲地推出不同季節、不同角度的巴黎專題。近年來一股日本勢力更悄悄在歌劇院旁日本街外形成，不少在巴黎修業的日本年輕主廚，紛紛在巴黎開設餐廳，同時闖下名號。

像是同樣從地鐵站 Maubert - Mutualité 出去的 Rue de l'Hôtel-Colbert 隱密小街上，有間店面低調、由日本主廚吉武廣樹掌理的「Restaurant SOLA」，不但將日式料理的內斂美學放入法國料理中，更於二〇一二年獲得巴黎版米其林一星餐廳的評價。

的確也曾經想預約品嘗，可是一方面是價位不低，同時位在如此多美食餐廳選擇的巴黎，卻要享用日本主廚的法國料理，心態上還是有些不能說服自己。

米其林一星日本主廚

日前看見一個日本雜誌的專題介紹，顯示光是在巴黎擔任餐廳主廚的日本人就有二十四人以上。二〇一四年米其林巴黎版內，有三間日本人主廚的餐廳分別獲得米其林一星的評價。

如天使般溫柔的 Pâtisserie Ciel 戚風蛋糕

不過當知道就在「Terroir Parisien」附近，「Restaurant SOLA」的老闆又開了間面向 Rue Monge 街，巴黎初登場的日式戚風蛋糕專門店「Pâtisserie Ciel」，就不用想太多地去好奇看看。

據說法文「戚風」發音類似「抹布」，怕法國人因此有微妙的聯想，店主還將大家熟悉的戚風蛋糕取了一個法國名稱「Angel Cake」（天使蛋糕）。

看來是想強調這戚風蛋糕鬆軟、輕柔的口感，有如天使翅膀的羽毛。

這裡的戚風蛋糕模樣上跟熟悉的也不同，印象中的戚風蛋糕是從蛋糕模型倒出，有個空穴的中型 SIZE 樸實蛋糕，要吃時再切片享用。

可是 Pâtisserie Ciel 的戚風蛋糕色彩豐富很多、模樣華麗可愛很多，尺寸小很多，可作為一人份的甜品。戚風蛋糕內還包裹著奶油內餡，柚子口味的蛋糕就是柚子奶油內餡、南瓜口味就是南瓜奶油內餡。

小巧店面附設的享用空間，是歐美人士一定會喜歡的茶室風，白色的牆面、素木的櫃檯、桌上擺放和風花束。清秀的日本女子以輕柔動作放置淋水後會膨脹的紙巾，同時以細膩的動作泡上抹茶冰飲，最後以東洋手感器皿端出戚風蛋糕。

口味也多是東洋風的，最受歡迎的是柚子、抹茶口味。不過 Milly 到了巴黎後，莫名地容易被粉色誘惑，當日點的是季節限定的莓果口味。

能在巴黎喝到熟悉又好喝的冰涼抹茶拿鐵，吃到巴黎跟日本混血後的戚風蛋糕，的確是很愉快的事情。尤其是完全可以

用日文點餐，不用擠出破爛的英文應付店員，更是難得的放鬆時間。

Pâtisserie Ciel
地址▸ 3 Rue Monge 75005 Paris
營業時間▸週二～週四 10：30 ～ 23：30、週五～週六 10：30 ～ 午夜 2：00、週日 10：00 ～ 17：00（週一公休）
最近地鐵站▸ Maubert - Mutualité

午餐後天空已經下起不小的雨，在 Pâtisserie Ciel 避雨兼小歇後，趁著雨勢暫歇就順路走去西堤島和聖路易島。塞納河上的西堤島和聖路易島以聖路易橋（Pont Saint Louis）相連，同時以八座橋梁連結著巴黎左岸、右岸。

塞納河上一共有各具特色的三十七座橋，搭乘觀光遊船、水上巴士，是最能一次看完主要橋梁的途徑。

西堤島上的聖母院背後和聖路易島的雨天

旅行行為是很難預測也沒有標準答案的，有時曾經專程前去、非去不可的地方，多年後卻是完全提不起興致再去一次。但是美好的景物應該永遠都是美好的，在 Milly 或許已經不再眷戀的建築前，依然有成千上萬的人帶著憧憬前來。

年輕時 Milly 揹著十一公斤的背包，第一次踏上巴黎這城市。當來到聖母院前仰頭望聖母院的莊嚴宏大時，真的有夢想實現的壯烈達成感。

畢竟曾經是那麼遙不可及的巴黎，是原本只存在於教科書內的聖母院。

更難忘的是沿著旋轉石階，爬上聖母院頂端（聖母院塔 Tour de Notre Dame）的一刻，彷彿從此這世界沒有什麼可以難倒自己的事情。

多年後朝向聖母院走去，只是眼見廣場的觀光客人潮和喧嘩，Milly 選擇迴避改從一旁的公園來到聖母院的背後，在陰雲密布的天幕下，崇敬曾經帶給自己力量的聖母院。

位在西堤島東側南岸的聖母院（Cathédrale Notre-Dame de Paris），於一一六三年建造歷經一百八十二年才得以完工。巴黎聖母院是典型的歌德式教堂，即使不去深入建築構造，光是從正面、側面和背面去品味建築表情，已經是很棒的體驗。

正面的三個大門訴說著《聖經》的故事、三個門洞上方是代表以色列、猶太國歷代國王的二十八尊雕塑

「國王廊」。從側面可以看見著名的美麗玫瑰花窗，而從庭園看去的聖母院背面，因氣勢圓弧形橋拱立面飛扶壁，而顯得格外典雅華麗。

接著從西堤島走進聖路易島，或許是雨天的關係，原本就比西堤島幽靜的聖路易島，那天下午更是異常地安靜。不同於座落著巴黎聖母院、司法大廈、古監獄的西堤島，聖路易島從十七世紀起，就是巴黎人憧憬住宿的高級住宅區。

不過大家對於聖路易島最大的印象，應該還是島上有似乎非吃不可的冰淇淋。

因為是臨時決定何不順路來到聖路易島，手上沒有任何導覽資料，只是憑著多年前來過的不確實記憶，尋找可能是景點的位置。

在主要街道 Rue-Saint-Louis-en-l'Île 閒來盪去，卻怎麼也尋獲不到店前有人排隊的冰淇淋店，當日雨天中整個島嶼最熱鬧、最多觀光客聚集的，也只有餅乾舖「La Cure Gourmande」和一間還算滿座的咖啡屋「Le Louis IX」。

店內彷彿是繪本內的糖果餅乾森林一般的「La Cure Gourmande」糕餅店，誕生於一九八九年的南法，目前在歌劇院、羅浮宮、聖心堂等大型觀光點上都有分店，是採買法國風伴手禮的好選擇。

堆放像山一樣高的手工餅乾、甜膩的傳統小點杏仁糖、法式牛軋糖和各式各樣的鐵罐包裝禮盒，讓來自各國的女子眼睛發亮，情不自禁地就一件又一件地放入購物籃中。

最有心思的是，在店內先挑選喜歡的餅乾鐵盒，再裝入自己挑選的手工餅乾，成為獨一無二

給親友或是自己的禮物。

不過價錢依然是巴黎水準，一公斤大約是 30 歐元，手工餅乾意外地很有分量，要小心不要失控拿了太多，結帳時被帳單嚇到。

跟 La Cure Gourmande 同條街上，發現的確有三～五人排隊買冰淇淋，不過是有著小天使圖案來自義大利的「Amorino」。在這裡買甜筒冰淇淋，店員會擺放成像是甜筒上開了朵美麗冰淇淋玫瑰一樣，在巴黎街頭還頗有人氣。

只是即使多年前的記憶未必可靠，至少還能判斷這 Amorino 絕對不是那老牌冰淇淋店。可是那正牌的人氣冰淇淋店到哪裡去了？本來還以為很簡單就可以找到，看見哪間店前排隊最多就一目了然，畢竟上回可是排了一個多小時隊伍才吃到呢！

難不成已經倒閉了？白目的 Milly 還一度這樣猜想。

在迷惑時看見 Amorino 對面的 Le Louis IX 咖啡屋，每人桌上都點了冰淇淋，於是就擅自決定，應該那昔日吃的冰淇淋店已經改變了，決定不繼續在雨中徘徊，進去 Le Louis IX 點了冰淇淋來吃。或許是「魔咒」，來到聖路易島上就會想吃冰淇淋。

直到兩天後 Milly 又隨性地晃到聖路易島，此時真相才大白。

再次來到聖路易島上時天氣較好，觀光客明顯多很多，而且幾乎迎面過來的人，手上都是一個甜筒冰淇淋，循線找去，果然發現了店前排著隊伍的冰淇淋舖。

原來創業於一九五四年的老字號冰淇淋「Berthillon」就在「Le Louis IX」的斜對角，上回前來時正好遇上是每週一、二固定公休日。

真相大白後，就更是非吃不可。

可是不過是午後六點多，外賣窗口的冰淇淋桶已經都幾乎見底，店員要彎得很低才能挖出筒中的冰淇淋。Berthillon的冰淇淋是不是真的如此好吃？說實在，Milly分辨不出來，的確好吃，但未必是讓人印象深刻的好吃。

Berthillon為什麼這樣有名？追溯歷史，原來是在一九七二年被當時知名的美食家Gault和Millau盛讚，於是奠定了名氣。

至於在Le Louis IX舒舒服服吃的冰淇淋，非常慶幸地其實也是Berthillon的冰淇淋，因為Le Louis IX可是Berthillon的特約經銷商。

Berthillon本來是以創業者名字沿用的店名，可是現在不少巴黎餐廳的點心Menu上也會出現Berthillon的字樣，別以為這就是Berthillon提供的冰淇淋，因為隨著年月的名氣累積，現在Berthillon已經等同於是法文「冰淇淋」的代名詞。

不想錯亂似乎也只能乖乖在聖路易島上排隊買來吃，要不就是多灑些銀子更耐心地在一旁的本店附設沙龍排隊入座，優雅地吃一份13歐元，放上三大球冰淇淋和滿滿草莓、覆盆子的招牌點心「Framboise Melba」。

Berthillon本店
http://www.berthillon.fr（詳細夏日不開店時期請上網站查詢）
地址▸ 29-31 Rue Saint-Louis-en-l'île 75004 Paris
營業時間▸ 10：00～20：00
（週一、週二公休、7月中旬～9月中旬不營業）

因為這老字號水果口味冰淇淋太受歡迎，很容易讓人忽略了島上其他景點和小酒館美食。Milly很推薦，時間允許的話，可以去Berthillon本店旁，經常舉行宗教音樂會，於十六世紀末留存下來的Église Saint-Louis-en-l'île教堂看看。

教堂不大，置身其中卻是非常地祥和寧靜，在彩繪玻璃透入的天光下，仰望圓頂繪畫、浮雕，身心都同時被洗滌著。

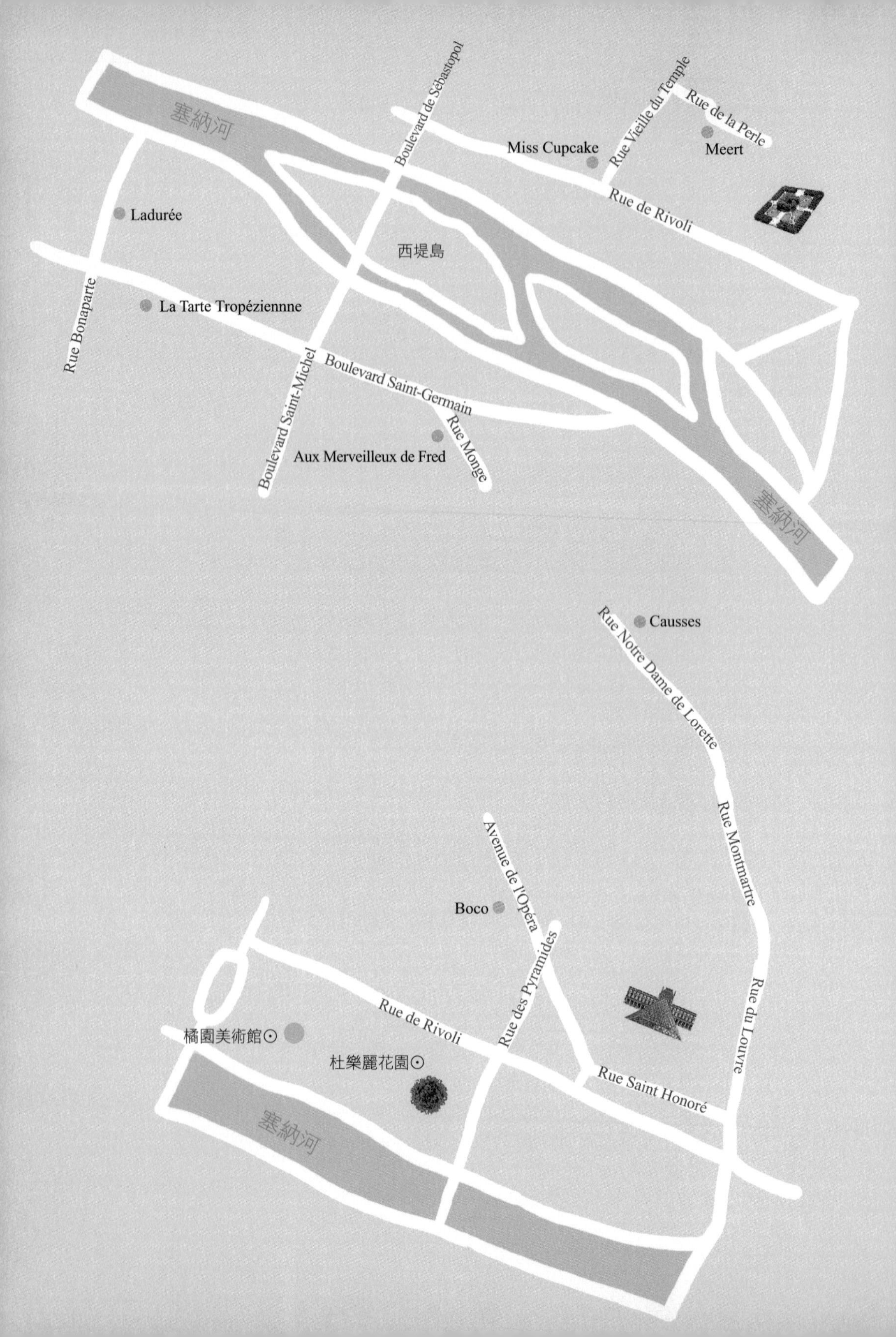
塞納河
Boulevard de Sébastopol
Rue Vieille du Temple
Rue de la Perle
Miss Cupcake
Meert
Rue de Rivoli
Ladurée
西堤島
La Tarte Tropézienne
Rue Bonaparte
Boulevard Saint-Michel
Boulevard Saint-Germain
Rue Monge
Aux Merveilleux de Fred
塞納河
Causses
Rue Notre Dame de Lorette
Rue Montmartre
Avenue de l'Opéra
Boco
Rue des Pyramides
Rue du Louvre
Rue de Rivoli
橘園美術館
杜樂麗花園
Rue Saint Honoré
塞納河

Chapter 5
清新小巴黎

不要放棄清晨在十六世紀殘影下的街道散步

巴黎假期的第五日，早上跨越住宿公寓對面小街道，往聖許畢斯教堂（Saint-Sulpice）散步去。這一段路徑真的是幽靜又風味，一路走著，時而跟清晨慢跑、溜狗的人擦身而過，早晨的光線異常溫柔，空氣透著些許涼意，眼前風景是如此地陌生卻又如此地讓人安心。

手上沒有地圖，只是隨著視覺好奇的方位。反正如果方向迷亂，只要再次找回聖許畢斯教堂塔頂，就可以繼續安心地向前。在歐洲清晨的古老街道散步總是愉快的，只要天氣和天亮的時間允許，很少會放棄在非日常旅途中，融入一個城市的日常。

之後折返再從住宿公寓 Hotel 旁的街道進去，還刻意迂迴地繞著小路，瀏覽距離開店還有數小時的店家櫥窗擺設。

散步的終點是聖傑曼德佩教堂（Église Saint-Germain-des-Prés）和當日早餐的雙叟咖啡。

聖傑曼德佩教堂創建於六世紀，是巴黎最古老的羅馬式教堂。留下「我思故我在」論證的法國哲學家笛卡兒長眠在此。

比起之前環繞瑪德蓮廣場的清晨散步，以為這以聖傑曼德佩教堂為地標的 Saint-Germain-des-Prés 地區，更適合悠閒地漫步。

尤其是一些巷道小街內，隱藏著很多風味的店家，很值得細細去品味。只是停留的時間依然難以充分，很多很好奇的店家想在開店後探訪，最終還是未能實現。

每回的旅行不論長短，總會留些說不上的遺憾，卻是不由得會想，如果能去看看多好的地方。

Ladurée的小圓餅媚惑

在 check out 離開公寓 Hotel 前，掌握時間前去位在雙叟咖啡館斜對角上的 Ladurée 分店沙龍，吃份點心喝杯茶。

若說法國小點心，Milly 更偏愛黑黑小小不起眼的可麗露（Canelé）、同樣是黑漆漆的岩漿巧克力蛋糕（Chocolate lava cake）和華麗中帶著內斂氣質的蒙布朗（Mont Blanc）。

相反地，一直都對飄散奢華氣息，像是富家千金大小姐的馬卡龍（Macaron），始終沒多少好感，甚至偏見以為這點心根本「華而不實」，是過於吹捧下的流行寵兒。

暗自認定，如果真要小奢華地吃份法式點心，還不如吃那有著貴公子氣息的閃電泡芙（éclair）。

可是來到巴黎，以上所有對於馬卡龍的閒言閒語、尖酸刻薄的評語，自然地都被丟置在一旁，看見色澤鮮豔在櫥窗排列的馬卡龍就忍不住靠近，還忍不住跟著排隊隊伍，如置身花叢

中的蝴蝶一樣，雀躍地挑選著不同顏色的馬卡龍。

馬卡龍果然不是簡單角色，那時就會感嘆起來。不過想想理應如此，若不是如此又為什麼可以讓大家花上一份簡餐的金錢，也要買上一個小小的圓形蛋白餅乾，迫不及待地放入口中，沉迷在舌間溶解的甜蜜中。好吃又頂級的 macaron 必須口感輕盈、入口即化。脆餅表皮要酥但不能乾澀，夾心餡要香味濃郁。

在巴黎其實很難逃脫馬卡龍的誘惑，幾乎所有的糕餅店都有販售。更讓人大開眼界的是，在法國連麥當勞的點心櫃內，都放滿了五顏六色的馬卡龍。

只是如果是住在巴黎也就罷了，可以嘗遍各家馬卡龍，之後再做出哪裡好吃的結論。

作為遊客的話就不去評價太多，直接衝入成立於一八六二年，以淡綠色調外觀為印象的 Ladurée 店內，心甘情願地繳納馬卡龍稅金，買一盒回去品嘗。

馬卡龍平均一粒是 2 歐元，可以的話，現買現吃最能掌握那纖細美味，時間過了那恰到好處的酥軟會消失，因此或許不宜當作伴手禮帶回家。

Ladurée 本店在瑪德蓮廣場上，其他分店則分別在香榭大道、羅浮宮以及聖許華斯教堂旁的 Rue Bonaparte 路上。

如果是外帶 Ladurée 的馬卡龍，建議去店面最大也最華麗漂亮的香榭大道店，但是如果是在店內沙龍內享用點心，就很推薦選擇 Rue Bonaparte 上的 Ladurée 分店，因為其中主廳內的中國風裝潢實在是太有趣了。

Rue Bonaparte 分店的沙龍，典雅的確是典雅，高貴也絕對是高貴，但是不少地方卻是讓人不由得莞爾一笑。

Milly 選擇的角落皮沙發座位旁，是一個刻滿神祕中文字「耳」「目」「鬼」的古董櫃、直線看去的梁木下還有一句橫聯是「希望在此桌周圍不會有背叛者」，這是什麼暗語呢？然後明明牆上刻意彩繪著中國風圖畫，卻又在空間內放置熱帶氣氛的人工椰子樹。

微妙的是，即使這樣以「殖民地風情」歸納的不協調配置，卻還是讓人說不出「討厭」兩字，反而還頗能在這意外舒適的空間內放鬆。

沙龍一早八點半就開店，看見不少歐美人士就把這裡當作早餐餐廳，吃著可頌、牛奶咖啡的套餐，套餐以外推薦 Ladurée 招牌的「pain perdu」法國土司。

Milly 先是點了茶，但是嘗試從密密麻麻的 Menu 中，找出想吃的甜品卻是摸不著頭緒，好在精靈又親切的女店員，就比了個手勢：「Follow me ！」帶著 Milly 來到入口販賣部的玻璃櫃前，讓 Milly 用手指出想吃的點心。

那天以圖像印象選擇的點心是 religieuse，一直憧憬要在巴黎 Ladurée 沙龍品嘗。

這有著華麗如皇家后冠模樣的糕點，卻有個很莊嚴肅穆的名字，修女泡芙（religieuse）。修女泡芙從基本款泡芙衍生出來，以上下兩個大小泡芙，以卡士達醬夾心。表面覆蓋著不同口味的糖漿，小泡芙邊緣圍上修女衣領般的奶油糖霜因此命名，不過也有說那白色一圈和上下的圓形泡芙很像修女的袍子。

Milly 選的是粉紅玫瑰口味，裡面放著莓果卡士達醬，有些甜膩配上紅茶就剛好。

Ladurée
地址▸ 21 Rue Bonaparte 75006 Paris
營業時間▸ 8：30 ～ 19：30
（週六 8：30 ～ 20：30、週日 10：00 ～ 19：00）
最近地鐵站▸ Saint-Germain-des-Prés

帶著甜蜜的幸福感走在巴黎的路上

在糕點店外帶糕點回去，比在店內的沙龍（Salon de The）享用要便宜，這是在巴黎旅行時必須理解的原則之一。尤其是一些糕點店沒有內用空間，勢必要外帶回 Hotel 或是公園享用。建議帶一個尺寸好攜帶的保鮮盒在身上，買了像是馬卡龍等無包裝的單品糕點時可以放入，就不怕帶回去時已經變形。

買份點心當做下午茶、野餐小點或是在旅館自炊時的飯後點心，在日常生活中已經是讓情緒愉快的事，更何況在甜品天國巴黎逛街、散步的路上，這樣採買著點心，那愉悅度自然是倍增。

如果不想太傷腦筋，在熟悉的、名氣最大的 Ladurée 或是高級食品百貨店 FAUCHON PARIS 內，已然可以買到各式各樣出現在巴黎點心食譜上的糕點。

只是出國旅行本來就容易貪心，也不希望老是被那些「巴黎名物、名店」給牽制，於是就會任憑直覺，在主要目標的動線上偶而分分心，嘗試進去一些可能未必有名氣，卻是被它一眼吸引、忍不住外帶一份甜點回去的中小型糕餅屋。

Miss Cupcake

瑪黑區「Miss Cupcake」櫥窗內擺放的杯子蛋糕，像是可愛手作雜貨作品般吸引人。要勸退自己不顧卡路里縱情一吃的慾望，真是要動用身體很多理智的神經。據說巴黎正進入一個空前的杯子蛋糕熱潮，不但出現了不少杯子蛋糕的專賣店，很多老字號的烘焙屋也陸續將色彩鮮豔的杯子蛋糕放入玻璃點心櫃內。

買幾個回去放在 Hotel 餐桌上，頓時就有開 PARTY 的氣氛。

適合親子同行的菓子屋

如果帶著小孩一起去巴黎玩，推薦前去位在 3 區兒童服飾店「Bonton」附設的菓子屋。（地址：5 Boulevard des Filles-du-Calvaire 75003 Paris）

Miss Cupcake
地址▶ 35 bis Rue du Roi-de-Sicile 75004 Paris
營業時間▶ 12：00～19：30（無休）
最近地鐵站▶ Hôtel de Ville

La Tarte Tropézienne

位在 Mabillon 地鐵站出口正對面，也是偶然在散步時經過，就被那像是貓臉可愛紅色門把、有著皇冠標記的招牌給吸引，進去外帶了一個表面灑上如碎鑽砂糖粒的蛋糕泡芙回去。後來以店名「La Tarte Tropézienne」上網查看才知道頗有名氣，而店名正是店內招牌點心的名字。

出身於波蘭的點心師傅 Alexandre Micka，參照他奶奶的傳統食譜，在南法度假地 Saint-Tropez 的麵包屋烘焙推出。是以類似奶油麵包的圓餅夾著卡士達醬，外貌說不上是華麗的點心。一九九五年法國性感女星碧姬巴杜來到 Saint-Tropez 拍電影，無意間吃到這點心後大大地喜歡上，帶動了這點心在法國的名氣。之後其他糕餅店也跟著製作，不久就成為法國人熟悉的點心之一。事實上，La Tarte Tropézienne 這點心名稱，還是由這位法國女星命名的。

據說，當初要以這點心作為店名，還特定取得 Alexandre Micka 後代的同意，同時製作依然遵行最初的食譜。看似簡單的點心卻暗藏著不少獨家祕方，像是灑在上面的糖碎，就是用一種特製銅鍋製作的。

La Tarte Tropézienne 本店位在普羅旺斯附近的 Saint-Tropez，其他分店也多集中在南法，二〇一三年夏天在巴黎開了首間分店。Milly 買的是中小尺寸，店內還放著一口的袖珍版和日本大食女王比賽會吃的超大版，據說正統版正是這樣可以數人一起享用的蛋糕尺寸。

La Tarte Tropézienne
地址▸ 3 Rue de Montfaucon 75006 Paris
營業時間▸ 10：30～19：30（週日～16：30、無休）
最近地鐵站▸ Mabillon

Meert

Milly 在前往孚日廣場時經過「Meert」古典店面，好奇進去後更是驚訝於店內的優雅貴氣，用「皇家風範」來形容也不為過，整體感覺就是超級富貴版的糖果店、柑仔店。

環看店內各式的糖果、果醬、巧克力，最後選了曾經在某本雜誌看過，一片 2.5 歐元有點像法國版「牛舌餅」的新鮮糕點，當作後來去公園納涼小歇時的零食。

這被 Milly 戲稱為法國牛舌餅的鬆餅糕點，原本是將麵糊壓成格子再灑上白色糖霜的傳統點心。Meert 是創業於一七六一年，位在法國北部城市 Lille 的老舖 waffle 店，十九世紀後除了牛軋糖、巧克力外也開始販售這種鬆餅，更進一步改良成為以兩片麵糊包入香草糖餡的薄片格子鬆餅點心，目前更儼然是 Meert 鎮店之寶的人氣商品。

夾心口味還有葡萄乾、杏仁等口味，但是最人氣的依然是傳統的香草口味。

北瑪黑區的這間 Meert 分店於二〇一〇年開店，裝潢完全依循本店風格。據知直到今日 Meert 的鬆餅還是堅持純手工製作，而且依然堅持在法國北部的 Lille 本店製作後，再每天運到巴黎分店。

賞味期限是十天，為了保持這鬆餅點心的濕嫩度，鬆餅一定會用玻璃鐘罩蓋住。

原本以為會是酥脆口感的點心，但香草糖餡滲入印上 Meert 字樣的薄薄格子餅皮，意外是軟香甜膩的滋味。

Meert
地址▶ 16 Rue Elzévir 75003 Paris
營業時間▶ 11：00 ～ 19：00（週日 12：00 ～ 19：00、週一公休）
最近地鐵站▶ Saint-paul

La Pâtisserie

離開巴黎的前一晚，預約了位在 Rue Paul-Bert 街上的人氣小酒館，在跟朋友於餐廳會合前，往路口不少人排隊的精緻糕餅店內探頭一看，發現點心玻璃櫃內居然出現了，那看過一次絕對會印象深刻的「一盒雞蛋」點心。

「ㄟ～原來在這裡！」看了日文雜誌介紹後就一直好奇著，可是單是參考「La Pâtisserie」地址卻完全掌握不到方位，沒想到居然會這樣在毫無預期的情況下巧遇。

這像是一盒雞蛋的創意點心其實是檸檬塔，法文名稱是 Tarte au citron。

點心出自法國媒體寵兒、擁有三間人氣餐廳的超級帥哥主廚 Cyril Lignac 的創意。

以四方形盒子的塔皮，放入像是鵪鶉蛋的檸檬奶油，之後加上蛋白脆餅、醃製萊姆和白色巧克力，將傳統檸檬塔轉換成如現代藝術品的全新面貌。

至於為什麼要將檸檬塔這樣呈現，Cyril Lignac 的答案居然是：「因為我喜歡直線。」除了這口味清爽的檸檬塔之外， La Pâtisserie 店內的麵包樸實，蛋糕卻是異常華麗漂亮，如果收到這樣的蛋糕禮物，無論是誰都一定會非常非常幸福。

La Pâtisserie
地址▸ 24 Rue Paul-Bert 75011 Paris
營業時間▸ 7：00 ～ 20：00（週一公休）
最近地鐵站▸ Faidherbe - Chaligny、Charonne

Aux Merveilleux de Fred

這間店頭總是排著購買人潮、掛著水晶吊燈的點心屋，是蛋白霜餅（Meringue）點心專賣店。Aux Merveilleux de Fred 創始於二〇〇五年法國北部的 Lille 地方，在巴黎有多間分店。Aux Merveilleux de Fred 將蛋白霜餅加上巧克力、白巧克力、榛果、水果糖霜脆片，做成不同尺寸的點心和蛋糕，而且似乎都是在店內現作的，以至於在等待時覺得店內都是香甜的空氣。

看起來真的是很甜膩的印象，實際買了一個來吃的確很甜，但是入口鬆軟是很新鮮的口感，以為非常適合濃郁的咖啡。不過話說，巴黎人真是好愛吃蛋白餅，馬卡龍基本上也算是一種蛋白餅點心。疑問是，巴黎人吃這麼甜怎麼胖子卻不多呢？

Aux Merveilleux de Fred
地址▶ 2 Rue Monge 75005 Paris
營業時間▶ 9：00 ～ 20：00（週日～ 19：00、週一公休）
最近地鐵站▶ Maubert - Mutualité

一間廚房
讓旅行想法大不同

離開巴黎前的三晚住宿，選擇距離後段旅遊重點瑪黑區很近的「Citadines Bastille Marais Paris」。Citadines的法文是「都會生活者」的意思，這間兼具商務性質的國際連鎖公寓Hotel，每個房間都附設有廚房、餐具，目前有六十間以上的分館，分布主要集中在歐洲地區。

預約方式相對簡單，可以透過官方網站和各大訂房平台，算是巴黎住遊體驗的初級體驗版。曾經利用過日本新宿三丁目捷運站附近的シタディーン新宿「Citadines shinjuku」和シタディーン京都烏丸五条「Citadines Kyoto Karasuma-Gojo」，對兩間的房間品質和房間道具、餐具的充實度，有著極高滿意度。

可是這次幾經判斷選擇的Citadines Bastille Marais，卻只能給「還好」的評語。

在格調上沒有京都的精緻，在都會感上又遠遠不及新宿的分店。除去廚房設備外，整體印象偏向普通三星商務旅館。而且習慣住宿觀光Hotel的人，對他們住宿一週內不打掃房間，整理房間要另外收費的體制可能會很不以為然。

Citadines Bastille Marais Paris以廣義的瑪黑區定義來看的話，的確是位在瑪黑區，至少Hotel名稱上有「Marais」區字樣，距離號稱瑪黑區中心位置的「孚日廣場」，也不過是十分鐘腳程，但是氛圍上更接近Bastille巴士底區域，尤其是愈靠近巴士底廣場，周遭的多元民族移民生活圈和在空地聚集的吉普賽人，多少散發著讓人不安的不穩空氣。

11區不是治安風評良好的區域，好在即使Citadines

Bastille Marais Paris 地址顯示位在 11 區，實際上卻是過條大街，就進入了充滿個性小舖、美食餐廳、流行服飾店的 3、4 區，散步動線極為理想。

三晚四人房費用 793 歐元、貼近瑪黑區、櫃檯有會說日文的職員（日本雜誌頗推薦這間 Hotel）等條件還是可以接受。如果沒有其他更動心選擇，或許下次還是會選擇這間 Citadines Bastille Marais Paris 也不一定。

Hotel 面對著非常舒適的綠地步道 Boulevard Richard-Lenoir（理查勒諾大道），是非常長的一條綠地步道，大道上光是地鐵站就有四個。

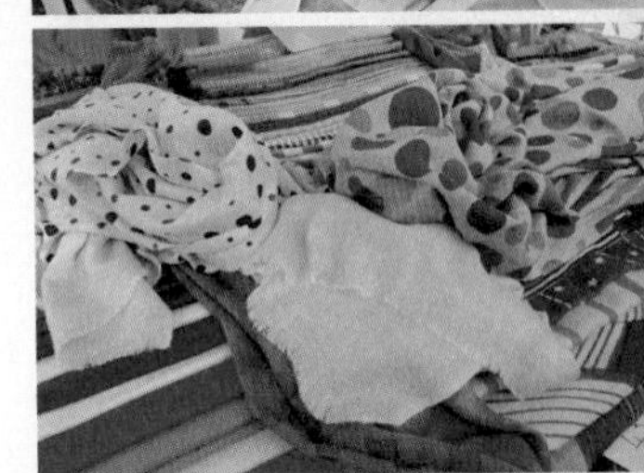

在這 Boulevard Richard-Lenoir 上，每週四、日兩次，上午 7 點～下午 1 點有非常有名、被稱為巴黎最精采的露天市場的 Richard-Lenoir Market（理查勒諾大道露天市場，也稱為巴士底市集）。

露天市場從巴士底廣場一直到延伸到 Hotel 前方，如此地利之便又怎能錯過，住宿第二日早上四人輕鬆走去閒逛。

理查勒諾大道露天市場果然不是浪得虛名，光是欣賞攤位擺放的豐盛蔬果模樣，已經足夠讓人愉悅。每次逛歐洲的露天市場都會這樣想：「歐洲人擺放蔬果的美學到底是來自哪裡呢？」怎麼可以將蔬果擺放得如此美麗豐饒！

看到這樣豐盛擺放的新鮮蔬菜，即使多麼廚藝不精的人，都會莫名湧起料理興致吧。

擺攤的人一定會以為亞洲人真是太容易大驚小怪了：「不過就是蔬菜攤嘛！」

可是真的會忍不住，就想舉起相機來拍照，一面拍照一面讚嘆著。

那天短短時間內，Milly 買了新鮮水果、番茄、擠檸檬的木製雜貨，Sophia 三人也各自買了切麵包的木板和質感極好的圍巾。

在旅途中準備一碗小熊也愛的熱湯

旅行中預約有廚房設備的公寓或是公寓式 Hotel，用餐發想自然會活潑多樣起來。尤其在歐洲假日很容易找到青空市集，在體驗同時也可以採買當日的晚餐食材。

如果滯留時間不長，不宜囤積過多調味料，買現成熟食是省事選擇。這次更發現一個不錯的點子，就是在超市購買蔬菜湯包。

兩人份湯包一盒大約是 2 歐元上下，倒入碗內用微波加熱，配上麵包、烤雞、鹹派等熟食，就是一個簡單的晚餐。

因為湯包外面幾乎都有蔬果材料的照片，不懂得英文、法文一樣可以用圖像判斷，選擇喜歡口味。旅途上能喝到一碗濃濃健康的熱湯，讓腸胃暖暖是很不錯的。

除非是住在絕對的富貴觀光區，否則只要繞繞一定可以在住宿的 Hotel 附近找到採購超市。身上隨時放個輕巧購物袋，觀光、散步、逛街路上偶然經過不錯感覺的超市或是熟食屋，也不妨進去看看，採購一番。

Les Veloutés
Légumes
Potagers
SANS
CONSERVATEUR*
SANS
COLORANT
500ml

最愛的巴黎時尚食品雜貨店 Causses

Milly 原本就很喜歡都會時尚超市和傳統露天市場，兩者是兩個極端，卻同樣讓人樂在其中。不過，這次在巴黎 Milly 大大喜歡上一間，將都會品味和傳統風味美好融合濃縮的「Causses」。

在 9 區和 18 區之間，擁有巴黎下町風情的 Pigalle 地方（皮加勒區），邂逅這街角位置的中型規模都會食品雜貨店時，就完全地無條件喜歡上。

用雜貨店來定位這間食品店或許是恰當的，意念上很像是島嶼、鄉下地方，從蔬菜、水果、雞蛋到花生、麻油、雜貨，什麼都賣什麼都有的阿公阿嬤雜貨店。

但是在商品的陳設和空間規劃上，又是非常精采的都會品味。

Causses 的主旨是「Slow food à Pigalle」，訴求以經濟實惠的價錢，提供來自地方貨真價實的精選食品。讓美好的食品陳設營造出溫馨氣氛，提供健康、美味、簡單的食物。

店內窗邊木箱內放著茄子、南瓜、蘆筍，木台上有不同顏色品種的番茄。杏仁果和乾果類放在白色大缸內，自己用剷子挖到紙袋內秤重結帳。

不單如此，美食嘉年華氣氛的店內，可以買到新鮮出爐的麵包、起司、香料、茶葉和生鮮的豬肉、雞肉。

旅途中沒有可以烹調的廚房，店內也有外帶湯品、三明治等熟食和不大的用餐空間。

Causses
地址▸ 55 Rue Notre-Dame-de-Lorette 75009 Paris
營業時間▸ 10：00 ～ 21：30（週日公休）
最近地鐵站▸ Saint-Georges

CAUSSES
SAIN
SAVOUREUX
SIMPLE
Il est possible de tirer
un profond plaisir de toute chose
si l'on veut bien y consacrer
un peu de temps afin d'en savoir plus.
Francis Ford Coppola
SAIN
SAVOUREUX
SIMPLE
CAUSSES
Poivron vert
Aubergine
Courgette
Salade
CAUSSES

在 Boco 外帶米其林美食

帶一份在超市、麵包屋、熟食屋採購的熟食回到 Hotel 享用，不但可以控制預算也可以不拘束地晚餐。

只是，如果更進一步的話，還可以在房間內吃到美食之都巴黎米其林三星主廚料理的餐食，那就更理想不過了。

外燴？這樣奢侈的事情可能發生嗎？本來以為不可能發生的事情，卻是在巧思下得以實現。從歌劇院前大馬路轉入 Rue Danielle-Casanova 街口上的熟食屋「Boco」，可以買到講究有機食材外帶的法國料理，料理的企劃者更是多位米其林三星主廚。

進入店內可以看見架上放著一個個排列整齊，分為前菜、主食和甜點的玻璃罐。

每一個玻璃容器上，註明著菜色名稱和擔任的米其林主廚名字，店內的牆上也掛著法國各地三星米其林主廚的照片。

店內採取自助形式，選擇喜歡的菜色、甜點，放入籃中拿到櫃檯結帳即可。

最受附近上班族歡迎的是，以野餐盒形式外帶的當日套餐（Menu du jour）14.8 歐元，單品則大約是前菜 6 歐元、主食 8 歐元、甜品 4 歐元左右。

用相對經濟的預算，就可以吃到法國米其林主廚企劃的「紅酒

燉牛肉」、「胡蘿蔔朝鮮薊」等料理，真是有賺到的感覺。想要立刻享用時，可請店員代為加熱，店內設有還頗多座位的用餐區。

外帶的話會加收容器費用，改天經過拿來退還就會退回容器費用。

Milly 沒空拿去退回，就放入行李當做意外的巴黎假期禮物帶回家了。（一個玻璃容器是 1 歐元）

Boco
地址▸ 3 Rue Danielle-Casanova 75001 Paris
營業時間▸ 11：00 ～ 22：00（週日公休）
最近地鐵站▸ Pyramides

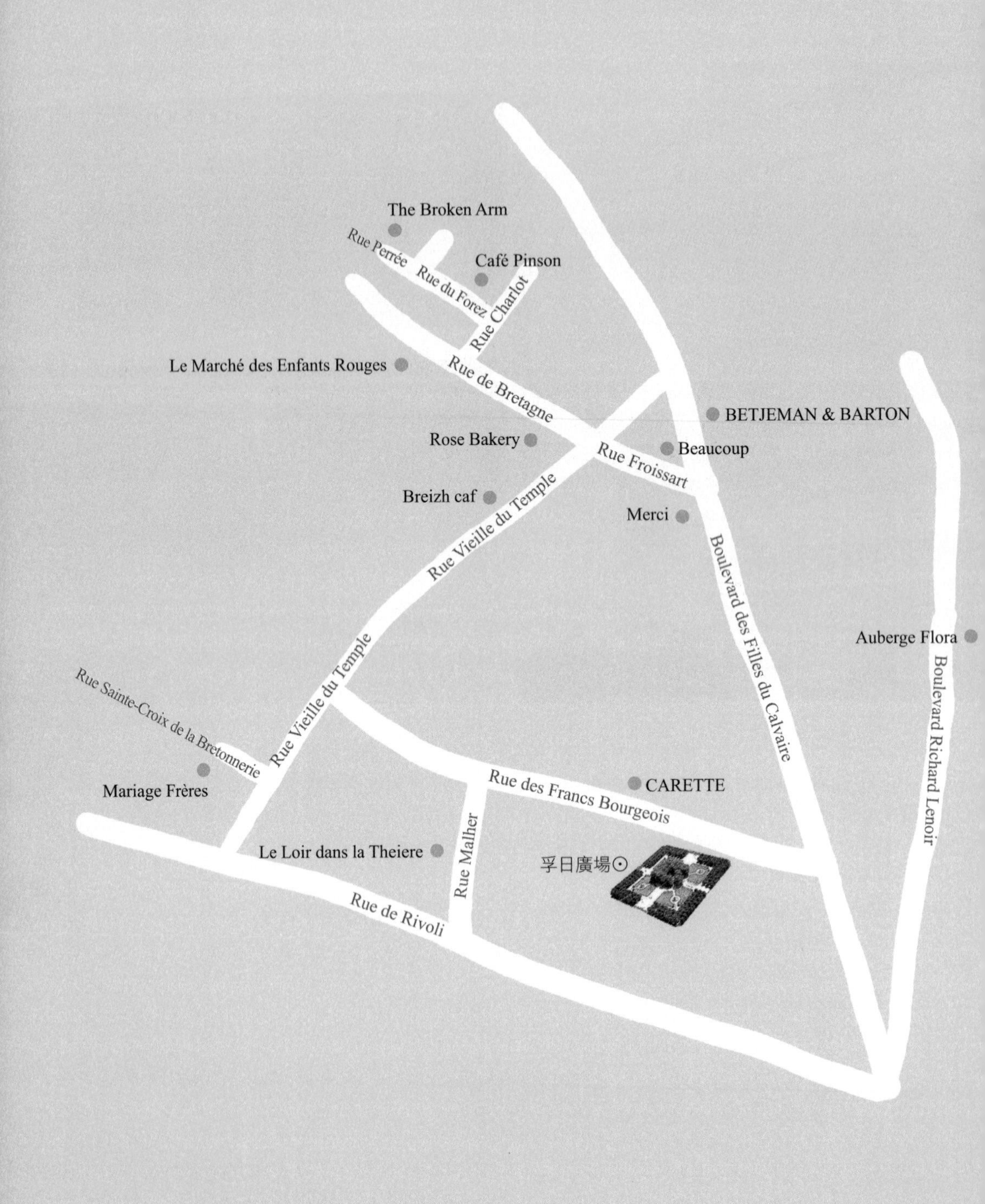
The Broken Arm
Rue Perrée
Café Pinson
Rue du Forez
Rue Charlot
Le Marché des Enfants Rouges
Rue de Bretagne
BETJEMAN & BARTON
Rose Bakery
Beaucoup
Rue Froissart
Breizh caf
Merci
Rue Vieille du Temple
Boulevard des Filles du Calvaire
Auberge Flora
Boulevard Richard Lenoir
Rue Sainte-Croix de la Bretonnerie
Rue Vieille du Temple
Mariage Frères
Rue des Francs Bourgeois
CARETTE
Le Loir dans la Theiere
Rue Malher
孚日廣場
Rue de Rivoli

Chapter 6
瑪黑區的四天三夜

於是、最喜歡還是北瑪黑

如果下次要實現更悠然的長時間巴黎住遊，幾乎是毫不猶豫地，一定會再次選擇住宿瑪黑區。

在到達巴黎後第二日的星期天，已經大致逛了從巴黎市政廳為起點，經過龐畢度藝術中心，一直到遊客總要排隊吃一份猶太口袋餅的薔薇街為止的路線，範圍上可以稱是南瑪黑區。

不過這次 Milly 更期望去深入探訪的，則是以 Rue Vieille-du-Temple 為中心，愈來愈多個性服飾店 boutique 和新型態咖啡屋出現的北瑪黑區。

北瑪黑區怎麼區分，其實沒有絕對的界定。Milly 暫且將地鐵站 Saint-Sébastien - Froissart 前的概念精品店「Merci」、擁有巴黎最老市場「Marché des Enfants Rouges」的 Rue de Bretagne 街道和 Rue Vieille-du-Temple 街道的周邊區域，認定為充滿巴黎美好生活縮影的北瑪黑區。

25€
SAC 29€
8€
DESIGN BY

謝謝、MERCI

正因為如此，當初在搜尋瑪黑區 Hotel 時，先決條件就是必須可以步行到「Merci」。

實際住宿 Citadines Bastille Marais Paris 後，立刻以地鐵站 Saint-Sébastien - Froissart 為方位走路去「Merci」，算算時間十五分鐘以內，算是非常理想的距離。

之後幾日依然是依循同樣路線，先從住宿地方走到 Merci 之後再走路去其他地方。

等盡興的瑪黑區散步結束後，又以 Merci 為地標走回住宿地方。

Merci 是法文（merci beaucoup），「謝謝」的意思。這次還真的要謝謝 Merci，一直如此美好地矗立在哪裡，讓 Milly 得以悠然安心地散步漫遊。

要說日益受到注目的北瑪黑區（也稱為上瑪黑區），就不能不提到領導生活美學的「Merci」複合式概念精品店。Merci 於二〇〇九年開業，經由法國知名童裝 Bonpoint 創辦人 Marie-France 和丈夫 Bernard Cohen 規劃，將原址十九世紀的成衣工廠改裝為五百坪的概念店。

店內部分營利所得，將捐給馬達加斯加島上需要幫助的孩子們，店名於是取名為 Merci，用來謝謝大家的支持和善意。

穿過上方有 111 門牌號碼 Merci 的拱門入口，最先看見的會是那台在綠意下格外顯眼的紅色飛雅特。不過這裡每一季都會在設計師的規劃下，配合展示主題呈現不同的氣氛，有時這如同鎮店之寶存在的紅色小車也會偶而消失不見。

Milly 前去時正巧遇上台灣的設計商品展「台灣好物市集」、「台灣設計、臥虎藏龍」，在異國看見熟悉的中文和熟

merci
MERCI

n est si PETIT, le monde est si GRAND, que serait la vie sans notre
MAMAN tu es la PLUS BELLE DU MONDE (Henri Salvator)
Une MAMAN est celle sur qui l'on compte pour les choses qui nous importent le plus
Rien ne vaut une douce MAMAN (Henri Salvador)
COEUR d'une mère est un abime au fond duquel se trouve toujours un pardon (Honoré de Balzac)
À une MAMAN on ne ment pas. Elle lit en notre âme comme en elle-même. (Jean Castaldi)
les coups du sort, rien de tel que LE COEUR D'UNE MÈRE (Goswin de Stassart)
merci

悉的鋁製便當盒，真是有說不出的親切和驕傲。

寬廣挑高的 Merci 一共有三個樓層，一樓是服飾時尚精品，二樓是家具家飾和設計商品，地下室有園藝道具、餐具、生活小物和陽光舒適的餐廳。

Merci 最大的魅力，是以精準美學所呈現的生活品味和空間感，同時還能將時尚、生活、藝術和慈善等要素自然融合。

Merci 內有三個不同風貌的用餐小歇空間，分別是一樓的「Used Book Café」、「Cinéma café Merci」和地下室的「Cantine Merci」（Cantine 是「福利社」的意思）。

三間咖啡屋的 Menu 類似，都著重有機和健康，不同的是各自精采的空間。

入口左邊的 Cinéma café Merci，裝飾著泛黃電影海報，有著復古氣氛。

Cantine Merci 可敞開窗門看去綠意豐饒的歐風庭院，微風徐徐吹入，走的是清新的風格。

Used Book Café 則是 Milly 最難以抗拒的「BOOK+CAFE」組合，狹長空間一面牆是以歷史、文學為主的二手書書架，一面是露天玻璃窗看去的綠色植物和紅色飛雅特。或許是舊書架和舊書的存在感強烈，讓空間彷彿停滯在中世紀時空中。

那天從Hotel出來，才走進Boulevard Beaumarchais大街，就是一陣突如其來大雨，即使撐著傘，濺起的雨水還是將褲管弄濕。本來是有些狼狽又惱人的天氣，可是知道再走幾步有Merci的咖啡屋在那等待，心情就莫名地雀躍著。

快步走進Merci，選了張Used Book Café貼近書架的座位，點了杯清涼的薄荷飲料配上濃郁的起司蛋糕。翻著手邊雜誌，耳邊是低聲悠揚音樂和雨聲，偶然抬頭看去映入眼簾的是，窗外潔淨透明的綠意。

這時甚至會以為下雨天真好，因為下雨天才能擁有這樣躲雨的寧靜時光。

Merci
地址▸ 111 Boulevard Beaumarchais 75003 Paris
營業時間▸ 10：00～19：00（週日公休）
最近地鐵站▸ Saint-Sébastien - Froissart

Auberge Flora 的女主廚早餐

實現以散步的節奏遊覽巴黎的最佳場所，以為正是北瑪黑區。

以靠近地鐵站「Bréguet - Sabin」的 Citadines Bastille Marais Paris 為起點，光是步行範圍內好奇想去一探的咖啡屋、美食和商店就多不勝數。實際上去探訪體驗過的地方不到期望一半，更別說是還有很多遺珠之憾。

例如 Merci 的 Used Book Café 早午餐非常推薦，只是跟住宿 Hotel 隔著 Boulevard Richard-Lenoir 綠色步道的對面位置，就又有一間想去、大大推薦的料理旅店「Auberge Flora」的早餐和早午餐。滯留日期有限，再貪心也還是得二選一。

Auberge 在法文意味著附設有住宿房間的餐廳，跟附設有餐廳的旅店不同，Auberge 更著重在料理，而且還是有主廚烹飪的正式套餐。

如果以訂房網站平台搜尋，Auberge Flora 同樣會出現。

預約的人除了看重旅店每間房間都有不同裝潢的設計風味，也是期待可以吃到曾經是餐廳 Les Saveurs de Flora 女主廚 Flora 小姐的南法風味餐。餐廳除了投宿的客人也對外開放，很多人會刻意前來品嘗這裡的特色南法風 Tapas「小盤料理」。

如此小有名氣的名廚餐廳距離住宿 Hotel 一分鐘不到，當然勢必要放棄 Hotel 乏味的早餐，毫不猶豫地前去 Auberge Flora，享用原本該是住宿客獨享的早餐。

一進入店內，四人就被餐廳水藍色的牆面給吸引，直呼不愧是女性老闆的感性。

驚喜沒有就此打住，坐下後四處張望一看，發現原來水藍色牆面的銀白色圓圈裝飾，其實是一個個餐盤，在窗邊以為是金屬掛勾鉤衣架的物品，就近一看，才知道是叉子、湯匙。

後來擺上餐桌的麵包籃、果醬容器也都很有巧思，創意中又蘊含著女性特有的纖細感。

在這彷彿是家飾雜誌頁面上出現的空間，享用度假早餐是幸福的。

重點的餐點也不讓人失望，從可頌、麵包、煮蛋到果汁、拿鐵，都是簡單卻扎實的美味。早餐的美味讓喜歡麵包的 Sophia，隔日早上還是堅持要來這間 Auberge Flora 享用早餐。回國後聊到這次巴黎旅行時，還念念不忘 Auberge Flora 可頌麵包的美味。

Auberge Flora
地址▸ 44 Boulevard Richard-Lenoir 75011 Paris
營業時間▸咖啡屋 6：30 ～ 24：00
最近地鐵站▸ Bréguet - Sabin

理想法國料理形式的 Beaucoup

從「Merci」旁的 Rue Froissart 街道走進去，不到一分鐘腳程的路邊，有一間店面寬敞自然光充足，融合了北歐家具和紐約 LOFT，整體感是巴黎以往少見風格的餐廳「Beaucoup」。

即使不是參考雜誌推薦，光是經過餐廳前 Milly 都應該會以直覺去喜歡上的餐廳。

Milly 在十二點半前，餐廳開店沒多久的時間進去，以深藍、寶藍色和白木為主調的長形餐廳內，還不過是坐了三成不到的客人。當時還想會不會是雜誌的好評推薦有些言過其實，這間餐廳可能並不是真的在該區人氣上升中。

心中抱怨著明明餐廳內空位這麼多，怎麼硬是將 Milly 安排在靠近入口的位置。可是之後客人陸續到來，等過了下午一點，餐廳已經是滿座狀態。

其實不用看這盛況，早在看了菜單吃了前菜後，Milly 已經完全明白 Beaucoup 之所以受歡迎的原因。

Beaucoup 不但擁有極為舒適寬敞的用餐環境，中午的套餐更是 21 歐元，就可以吃到高水準的前菜、主菜和甜點。

如果不想吃這麼多，前菜＋主食或是主食＋甜點則是 17 歐元。

那天點的前菜是以帶著些清爽酸味的芒果粒、鋪上鴨肉、淋上濃郁中帶著酸甜的醬汁，好好吃。

主食則是很有分量的碳烤豬肉配上香菇馬鈴薯泥，還有

特別口感的白菜。

白菜是熟悉的青菜，可是這份主食上的白菜是三分熟，是介於煮熟和生菜之間的口感，有著明顯的甘甜蔬菜味道。

豬肉肉質軟嫩多汁而且居然是以七分熟調理，多少有些不習慣但是吃得出新鮮就大膽入口了。

之後的甜點一樣是水準之作，香草冰淇淋加上蘋果派，配上略苦的咖啡恰到好處。

如此豐盛飽足兼具了視覺和味覺饗宴的餐前酒、前菜、主食、甜點、咖啡午餐，結帳是 23.5 歐元。

曾任美食雜誌編輯長和料理節目企劃的老闆 Julien Fouin，在瑪黑區開了成功的餐廳「Glou」、「Jaja」後，再接再厲地在北瑪黑區開了這第三間分店。

Beaucoup 店名是法文「很多」的意思，真的是價錢合理又分量很多的料理。

Beaucoup
地址▸ 7 Rue Froissart 75003 Paris
營業時間▸ 12：00 ～ 12：30（中餐）、19：00 ～ 20：00（tapas）
20：00 ～ 23：00（晚餐），無休
最近地鐵站▸ Saint-Sébastien - Froissart

在 Breizh Café 吃美味的本場蕎麥餅

本來就很愛吃布列塔尼風味的蕎麥餅，在日本時只要有機會就會尋覓好吃的店來品嘗，來到法國又怎能不吃。

只是吃哪一間好呢？本來想跟 JoJo 三人一起去「La Crêperie Bretonne」吃正統派的蕎麥餅，可是看資料不是太喜歡這間蕎麥餅餡料完全隱藏的模樣，於是參考了巴黎朋友的意見，選了位在瑪黑區得過多次巴黎最好吃的蕎麥餅殊榮的 Breizh café。

只是一看資料更加強了前去品嘗的興致，原來 Breizh Café 第一間店是開在東京的神樂坂，在日本開了多間分店大成功後，才回流在法國開店。Milly 吃過 Breizh Café 銀座、赤坂見附分店的法式薄餅，早就想有機會來到法國時一定品嘗本場滋味。

只是相較 Beaucoup 大滿足等級的經濟實惠，Milly 在北瑪黑「Breizh Café」享用的蕎麥餅餐就似乎有些失控，一餐下來一個人居然吃了 43.3 歐元。

明明那天點的季節限定蕎麥餅不過是 14.5 歐元，怎麼會如此超支呢？！原來是 Milly 到達巴黎第一天時，在 Rue Saint-Honoré 街巷道內吃的生蠔實在太失望，於是想要再挑戰一次。看見菜單上有生蠔，就一個人點了 16 歐元六個一份的生蠔 HUITRES。

接著因為 Breizh Café 的菜單有日文版，日文版酒單上寫得文詞並茂，於是一時迷惑就大器地點了一瓶「PETIT FAUSSET BRUT」cidre（蘋果氣泡酒）12.8 歐元。

如果單點一杯酒大約是 3 歐元，一壺也不過是 7.5 歐元，點菜的服務生有提醒，但是 Milly 完全沒聽到耳裡

BREIZH Café
PARIS
CANCALE
TOKYO
BREIZH Café
BREIZH Café
La crêpe autrement

（笑）。

都怪菜單是看得懂的日文，才會如此放鬆地放縱起來。

或許真的是敗家了一些，卻是非常滿足的一餐，尤其是那瓶敗家點的蘋果氣泡酒真是濃郁又好喝，完全值得。

（小祕密是，一整瓶酒畢竟是一個人喝不完，於是 Milly 就充當親切阿姨，請店員拿了杯子，請恰巧坐在隔壁桌的四位台灣來的女學生喝。）

六粒生蠔放在鹽堆上，配上抹上布列塔尼手工製作 Le Beurre Bordier 奶油的黑麥麵包和酒醋來吃。為什麼薄餅店菜單上卻有生蠔呢？自然是因為布列塔尼除了薄餅出名外，也是有名的生蠔產區。生蠔稱不上肥美但勝在滋味濃厚，淋上酒醋尤其好吃。

可麗餅 VS. 法式薄餅

我們習慣稱的 crêpes（可麗餅）是以小麥粉製作，在法國多是作為甜點來吃，當做餐食的法式薄餅則稱為是 galettes，是以蕎麥粉製作。

galettes 的基本款是放入火腿、起司和蛋，Milly 對季節限定無法抗拒，點了當季推薦的 BASQUE 風味。這當季限定的薄餅有著春天氣息，光是賣相已經引人食慾。四角折口的蕎麥餅內，放入強調有機食材的蘆筍、番茄、培根丁、奶油、雞蛋。

比起在東京吃的 galettes 薄餅，以為在巴黎吃的絕對是更加美味。

蕎麥餅薄厚適度、鬆軟適度，吃入口中滿是蕎麥麵香，配上清爽的蘆筍、番茄是一種滋味，裹上滑嫩蛋汁和起司又是一種滋味，讓人吃得意猶未盡。

Milly 當日沒有訂位，不過幾乎是開店的同時就進入店內。進入時已經坐了八成滿，好在還可以找到一人的位置。店內用餐空間很小，座位不多，而且幾乎都緊貼在一起，人多前去時保險起見，最好還是事前預約較可靠。

Breizh café
地址▸ 109 Rue Vieille-du-Temple 75003 Paris
營業時間▸ 12：00 ～ 23：00（公休日：週一晚上和週二）
最近地鐵站▸ Filles du Calvaire, Saint-Sébastien-Froissart

傳統貫碌氣勢的 CARETTE

巴黎甜點近年有兩大分野進行著，一個是在古典氣派的空間內，提供千層派、馬卡龍、蒙布朗、檸檬塔、可麗露等各式傳統法國點心的老舖，一個是更細部分支出去的甜品專門店，例如水果塔專門店「Tartes Kluger」、閃電泡芙的專門店「L'Éclair de Génie」、杯子蛋糕的專門店「Miss Cupcake」等等。

新格局的甜品專賣店的確很吸引人，但是依然會帶著朝聖情緒，去探訪巴黎古老而美好的甜品店沙龍（salon）文化，諸如「CARETTE」、「Ladurée」、「Angelina」、「FAUCHON」等等。

「CARETTE」是一九二七年由 Jean Carette 創業的老舖沙龍 Salon de thé，觀光客多數會選擇前去可以眺望巴黎鐵塔，從 Trocadéro 地鐵站出去立刻可以看見的本店（4, place du trocadéro 75016 Paris）。

Milly 則是遷就投宿 Hotel 步行範圍的散步路徑，來到面向瑪黑區孚日廣場，相對來說較為清幽的 CARETTE 二號店。

一六一二年由亨利四世所建，孚日廣場是巴黎最古老的廣場。

圍繞著噴水池、庭院的十九世紀建築曾是貴族豪邸，雨果

的故居也在這裡，現今則是除了住家之外，沿著迴廊通道有著不少藝廊、個人工作室、咖啡屋和餐廳。

CARETTE 是其中最為顯眼的，以貴氣氣勢取勝。

Milly 是早餐後散步前去，廣場上還沒有觀光客身影，只是在地人在此慢跑、在草地作瑜伽。

CARETTE 在上午七點半開店，客人還不算太多，可以選在面向廣場風景的半開放式小包廂。原本只想點杯飲料體驗一下 THE PARIS 的老舖 Salon de thé 氣氛，只是完全被店頭玻璃櫃內如同珠寶盒般的點心給迷惑，於是一大早還是點了份以覆盆子、草莓為主要材料做出的 Olympe，配上一壺紅茶。所謂 Olympe 以外觀來形容，就是大尺寸的馬卡龍。

點心是粉紅色的、茶具餐盤上有可愛的碎花圖案、桌上擺放著粉紅色牡丹和玫瑰，真是好粉紅的畫面，頓時久違的少女心都被激發出來了。

不過在巴黎吃這樣美美的點心，是絕對沒有年齡和性別限制的，尤其是在這樣頗有歷史的沙龍內，好幾次都看見西裝筆挺的中年男子，用刀叉優雅且愉悅地吃著可愛的甜品。

早晨幽靜是 Milly 偏愛的，但是倒不推薦來這裡吃早餐，反而想推薦的是在下午三點前後來到，點一份飲料附上五粒迷你馬卡龍（或是糕點一份）的 12 歐元 l'heure de thé（下午茶 SET），氣氛更好也划算。

CARETTE
地址▸ 25 Place des Vosges 75003 Paris
營業時間▸ 7：00～24：00（無休）
最近地鐵站▸ Chemin Vert

連睡鼠都著迷的 Le Loir dans la Théière

如果是熱愛甜品、蛋糕的人，來到瑪黑區千萬不能錯過的，還有位在 Rue des Rosiers 薔薇街上的 Le Loir dans la Théière。

這間茶館的店名源自「艾莉絲夢遊仙境」，Le Loir dans la Théière 直接翻譯的話就是「茶壺中的睡鼠」。店內牆面畫上故事的彩繪，餐巾紙上也有睡鼠從茶壺鑽出的模樣。

可是別誤會這是一間很少女的可愛茶館，相反地，Le Loir dans la Théière 的空間感還頗為沉穩，店內的桌椅是各具特色的古董或是頗有年份的皮沙發，牆上更是貼上了密密麻麻的藝文活動海報。

店內總是亂哄哄地熱鬧著，因為料理好吃又經濟實惠。

桌子和桌子間的間隔很小，傳聞老闆希望客人能彼此親近地愉快用餐互相交流，甚至禁止客人使用容易將自己封閉的電腦。

特色料理是分量不小的法式鹹派，但是重頭戲卻是甜點。

一個個手工蛋糕誘人地擺放著在廚房邊的木桌上，要吃什麼來到點心櫃檯前用手指出告知店員，店員就切下一大塊放入盤子內，沒有過分的修飾裝盤，就像到朋友家吃飯時端出的蛋糕一樣。

這裡的糕點跟纖細、精緻、氣質、優雅無緣，卻是非常地好吃。

Le Loir dans la Théière
地址▸ 3 Rue des Rosiers 75004 Paris
營業時間▸ 11：00 ～ 19：00 (週六、週日 10：00 ～，無休)
最近地鐵站▸ Saint-Paul

MASHI CHANGIZI
Jusqu'au 28 avril 2012
AUDIENCE
Salvador DALI
LE LOIR DANS LA THEIERE
PARIS IV

在尊榮氛圍中品味 Mariage Frères Salon de Thé 紅茶

另一個位在瑪黑區的優雅喝茶空間推薦是，大家熟悉的黑罐茶葉 Mariage Frères 紅茶專賣店的 Salon de Thé。

Mariage Frères Salon de Thé（瑪黑兄弟茶）於一八五四年創業，Mariage 家族早在十七世紀已經擔任東印度群島貿易代表，因此 Mariage Frères 茶葉和沙龍都帶著殖民地風味。

茶葉種類多達六百種以上，要選哪一種還真要花費心思，或許除了以茶葉聞香、參考茶葉浪漫名稱或是店員推薦外，另一個方式就是來到 Mariage Frères Salon de Thé 享用下午茶，喝到好喝的再去採購。至於最人氣的是經典調味茶 Marco Polo Rouge 和波麗露 Boléro。

Mariage Frères 在巴黎的分店很多，前往羅浮宮都可以在地下商場看見 Mariage Frères 斗大商標。在瑪黑區的是 Mariage Frères 的 LE MARAIS 本店，店內包含 Tea

Emporium 賣場、Restaurant 餐廳、Tea Salon 沙龍和擺放古董茶具、製茶道具的 Tea Museum 紅茶博物館。

在 Mariage Frères Salon de Thé 享用下午茶最大的愉悅是，可以吃到加入不同茶香的特製甜品，像是綠茶風味的洋梨派和加入紅茶味道的檸檬塔。

Mariage Frères

地址▸ 30 Rue du Bourg-Tibourg 75004 Paris

營業時間▸ Tea emporium & museum — 10：30 ～ 19：30

Restaurant — 12：00 ～ 15：00

Tea salon — 15：00 ～ 19：00

（無休）

最近地鐵站▸ Saint-Paul

將巴黎的茶香帶回家

旅行到了後段已經不用在 Hotel 間移動，於是在遊晃於雜貨屋、咖啡館和點心舖時，就會開始採買起巴黎特色的伴手禮。

Milly 偏愛買茶罐和漂亮包裝的茶葉，以為可以將各地特色的茶香帶回去，茶罐還可以視為旅行保存下來的禮物。

法國的百年經典茶，不去記那複雜不好發音的品牌名稱，以顏色、LOGO 來區分較容易些，像是黑茶罐是瑪黑兄弟茶（Mariage Frères)，紅色茶罐是於一八五四年創業的艾迪亞爾（Hediard）頂級茗茶。

另外，茶罐花色典雅卻又不失可愛的是 Kusmi Tea 品牌茶。

Kusmi Tea 該說是法國和俄羅斯的混血茶，Kusmi Tea 於一八六七年在俄羅斯的聖彼得堡開了第一間店，之後更風光一

時，將事業擴展到巴黎、柏林、倫敦等其他歐洲城市。只是傳到第三代時遇到經濟蕭條，企業面臨倒產。

二○○三年被法國 Orebi 家族買去後才又復活起來，目前在巴黎一共有十二間直營店，甚至連機場內都可以買到這彷彿是糖果盒包裝的品牌茶。

不過 Milly 更推薦的是 Kusmi Tea 的副牌「LOV ORGANIC」。

或許為了區別兩個品牌的差異性，LOV ORGANIC 的包裝非常純色，白鳥圖案印在淺藍、淺黃、淺綠的茶罐上，再壓上字樣「LØV」。

LØV 是丹麥、挪威語「葉片」的意思、ORGANIC 則是「有機」的意思，以此來強化 LOV ORGANIC 茶品的有機印象。

比起 Mariage Frères、Dammann Frères 黑與紅的茶罐沉穩氣質，Kusmi Tea 和 LOV ORGANIC 的茶罐就多彩很多，不同的茶葉不同的茶罐，喜歡日常雜貨的女子勢必很難抗拒那魅力。

如果你跟 Milly 一樣偏愛鐵罐包裝，甚或是所謂的鐵罐雜貨控，那麼瑪黑區的「BETJEMAN & BARTON」茶舖就更不能錯過。

BETJEMAN & BARTON 是英國人 BETJEMAN 於一九一九年巴黎創業的紅茶專賣店，日本人非常偏愛它的花茶系列，甚至在東京的青山擁有旗艦店。小八卦是，這還是英國查理王子最愛喝的巴黎品牌茶。

姑且不論到底哪個品牌茶是巴黎最好喝的茶，但是論茶罐的選擇一定是 BETJEMAN & BARTON 最多樣，選購的過程最為有趣。

品牌基本色是銀灰色的 BETJEMAN & BARTON，可是店內可以看見北歐風的、古典風的、可愛風的各式設計風茶罐，不定期還會推出限定版。

可以先想像收禮的人喜歡什麼香氣的茶，聽取店員的意見，從將近兩百種的口味中挑選。之後再從讓人看了眼花撩亂的茶罐中，選出這人可能會喜歡的茶罐，如果二者合一就成為了世界上獨一無二的禮物。

BETJEMAN & BARTON 位在 8 區瑪德蓮廣場的是本店，曾經獲得年度櫥窗設計大獎，二〇一三年於北瑪黑 Merci 斜對面開設的巴黎第二間分店，店內裝潢延續英式摩登風格。

除販售茶品、杯具、茶罐外，店內設有茶吧「Bar à thé-Betjeman & Barton」，提供一百八十種以上，以茶為主題的飲品和英式糕點。

BETJEMAN & BARTON
地址▸ 24 Boulevard des Filles-du-Calvaire 75011 Paris
營業時間▸ 11：00 ～ 19：00（週日公休）
最近地鐵站▸ Filles du Calvaire

採購巴黎茶香的最後一個選擇也有著英國的血統，是前往 9 區 South Pigalle 區域 Rue des Martyrs 路上購入的「Rose Bakery」有機花茶。

英國人 Rose 嫁給了法國人，二〇〇二年在巴黎開設了這間 Rose Bakery。

店內不單是可以吃到英式點心，還有著講求有機食材的早午餐、午餐輕食。

此外可以外帶有機熟食餐盒，店內也放置著不少英國的有機茶包、咖啡、飲品和自家製手工果醬。在考慮這有機茶好不好喝之前，Milly 已經完全被那漂亮的包裝給吸引，沒多考慮就打開錢包買了。

茶包是英國的「PUKKA」有機茶，PUKKA 品牌名稱來自梵文 pakwa，意思是「純正」的意思，茶葉輸入強調是公平貿易的模式，同時必須在最好的條件下栽種，成分則是傳承於印度的阿育吠陀（長生之術）健康理論。

果然是很適合在同樣強調純正的 Rose Bakery 店內放置。

位在 Rue des Martyrs 斜坡路上的 Rose Bakery 是巴黎本店，可是門面依然毫不搶眼，不小心就會走過頭。店內跟之前去的貴婦百貨 Le Bon Marché 內的 Rose Bakery Tea Room 不同，但是跟之後前去的北瑪黑區分店類似。都彷彿是田野間的農舍住家廚房一樣，雖然店頭不大、店內又隨處堆放蔬果、麵粉、罐頭，卻是非常地溫馨舒適。

以為 Rose Bakery 彷彿是奔跑在草原的森林系女子，跟名牌拜金女形象的富貴糕點舖，形成很大的對比。

Rose Bakery

地址▸ 46 Rue des Martyrs 75009 Paris

營業時間▸ 9：00～19：00（週日～17：00）

最近地鐵站▸ Saint-Georges

巴黎如微風存在的新氣息

北瑪黑區內有名的據點之一，是號稱巴黎現存最古老常設市場的「Le Marché des Enfants Rouges」（紅孩子們的市場）。從 39 Rue Bretagne 街道的入口繞進去探訪，第一印象是有些類似香港的大排檔。的確依然有蔬果、鮮魚攤，但更多的是可以吃到日本、摩洛哥、北非、黎巴嫩等異國料理的小吃攤。

每個小吃攤的老闆看起來都很年輕，愉悅用餐的客人年齡層也多是年輕人，現場洋溢著高昂熱絡氣氛。可是 Le Marché des Enfants Rouges 可是最古老的市場，據說是十七世紀瑪黑城區剛剛建立時已經存在。不過多年來隨著瑪黑區的變化，市場的氣息和功能也隨之變化，儼然是瑪黑區新世代的餐聚交誼據點。

Le Marché des Enfants Rouges
地址▸ 39 Rue Bretagne 75003 Paris
開放時間▸ 9：00 ～ 20：00（週日～ 15：00、週一公休）
最近的地鐵站▸ Temple、Filles du Calvaire

北瑪黑夾雜在以薔薇街猶太餐館「L'As du Fallafel」為中心的觀光客聚集區、「Merci」領導的清新優質生活商圈和「Le Marché des Enfants Rouges」帶動的新世代飲食風潮動線之間，因此得以在巴黎各區獨樹一格，成為最值得期待的新區塊。

北瑪黑以「環保」、「慢活」、「健康」思潮為豐饒的土壤，以「流行」、「時尚」、「風格」為灌溉，自然可以吸引更多新概念商店入駐。

Milly 個人最喜歡的北瑪黑區角落，則是 Square du Temple（廟宇廣場公園）旁，Rue Bretagne、Rue Perrée、Rue Charlot 街道間的隱密區塊。

北歐氣息的 The Broken Arm 咖啡屋

面對著 Square du Temple 廟宇廣場公園的 The Broken Arm 咖啡屋，是服飾、飾品、設計風 Goods 和文具書籍精品店的附設咖啡空間。

共同開店創業的三位年輕人，都擔任過品牌採購或是藝廊企劃等工作，精品店內處處可見精采規劃和品味配置，店名 The Broken Arm 則是取自法國藝術家 Marcel Duchamp 的同名作品。

附設咖啡屋空間不大，從大窗透入的陽光和看去的綠意，卻是讓視野和心情都寬裕起來。整理感覺與其說是巴黎風貌，更偏向是北歐風味的咖啡屋。

純白的牆面、吧台、拼花磁磚地板，搭配上北歐風味餐具和家具，利用假日來此小歇的客人，都彷彿將這裡當作住家客廳的延長線，以放鬆姿態看書、上網，喝著咖啡吃著沙拉、簡餐，置身其中，自己也彷彿是這裡的幸福居人。

世界的咖啡屋革命正如流動的溪流般，從一個國家流到另一個國家，緩緩地卻是一點點看出端倪。在所謂第三波咖啡潮之下，有兩大趨向讓 Milly 好奇，一個是北歐系、一個是澳洲系。北歐系的日常咖啡文化跟日本的細則講究咖啡文化交流著，自成一派的澳洲系則在專業咖啡吧台手輩出的情況下，將領域延伸到英國和法國。

二〇一三年後巴黎講求專業的個性咖啡屋陸續出現，能在旅途上喝到一杯好咖啡已經夠讓人雀躍，更何況這些咖啡屋在法國人特有美學和生活態度下，多能呈現讓人讚嘆的品味和舒適，讓在巴黎探尋咖啡屋的興致倍增。

The Broken Arm

地址▸ 12 Rue Perrée 75003 Paris

營業時間▸週一 14：00 ～ 18：00

週二～週六 9：00 ～ 18：00（週日公休）

最近地鐵站▸ Temple

健康志向最高的 Café Pinson

之後順著 Rue Perrée 往 Rue Charlot 方向走去，這時會先經過一段 Rue du Forez。

Rue Perrée 已經是很短的街道，Rue du Forez 則更是短到一不小心就會錯過的街道，在這短短的街道上有間大人氣有機咖啡屋「Café Pinson」。

幸運的是進去時剛好有人結帳離開，才可以一個人占據了三人沙發座。

坐下後點了杯清涼 ROSÉ 粉紅酒，享用著清爽簡餐。

靠近門口的玻璃櫃放著色澤新鮮的沙拉和熟食，前面還放著註明是蔬食的立牌。

Café Pinson 店前的玻璃窗上，自信地寫著 100%BIO 的字樣，同時強調提供的餐食除了絕對有機外，還加上近年來在歐美很流行的減肥、健康食療「gluten free」（不含麩質食物）。讓巴黎女子吃得愉快又沒負擔，店內於是經常座無虛席而且女子偏多。

空間的舒適想必也是人氣主因，裸露的米色磚牆配上不同風格的沙發，最特別的是還有一處是可以讓人整個伸直雙腳的大座墊位置，幾個女子就這樣或躺或臥，享受著愉快聊天、愉快用餐喝酒的「女子會」。

Café Pinson

地址▶ 6 Rue du Forez 75003 Paris

營業時間▶週一～週五 9：00~19：00、週六 10：00~19：00
週日 10：00~18：00

最近地鐵站▶ Temple

順著 Rue du Forez 幾乎沒有車輛的小路上來到 Rue Charlot 街道，此時一定會被街角位置一間外觀淺灰藍色的餐廳給吸引，這是日本人開的亞洲風味餐廳「NANASHI」。

店頭有熟食外帶、有機新鮮蔬果，餐廳菜色是以法國料理為基礎的多國籍料理，食材同樣是講究有機。

部分套餐會以日式便當形式盛盤，日式便當在法國風行多年，據說在法文字典上還因此出現了專有名詞的「Bento」（日文「便當」的發音）。

跟「NANASHI」同條 Rue Charlot 街道上的「Marcovaldo」，則是由四個義大利人開店的 BIO 咖啡屋，食材除了從巴黎近郊進貨的有機蔬菜外，也從故鄉進口生火腿和起司。咖啡屋的形式是 BOOK+café，讓旅居巴黎的義大利人可以在這裡翻閱到義大利的書籍和雜誌，解解鄉愁。

巴黎的餐廳標榜 BIO（有機）不是新鮮事，在北瑪黑區內的餐廳甚至是不強調有機，反而是吸引另一派饕客的手法也不一定。北瑪黑區內幾乎所有餐廳、咖啡屋都提供著以健康為志向的有機料理。

Rose Bakery 販售有機和生活態度

說到有機簡餐餐廳的先驅，自然不能忘記在北瑪黑區同樣有分店，位在 Rue Debelleyme 路上的 Rose Bakery。

這次巴黎假期一共去了包含本店的三間分店，最喜歡的還是這間北瑪黑店的空間感。店頭沒有明顯招牌，可以辨識的是店面的一大扇格子玻璃門，以及 Rose Bakery 特有的氛圍。

Milly 無法用精準的文字去形容這扇兼具落地窗和入口大門的玻璃門，總之親眼看見一定會瞬間秒殺地喜歡上。

店內食物玻璃櫃前總有人購買外帶熟食、糕點，有限空間內擺放著餐桌和有機食品材料。空間說不上寬敞，甚至有置身在有機食品倉庫內，更正確來說，像是置身在食品洞穴內的感覺。餐桌貼著裸露的磚牆放置，兩邊麵粉、蔬菜、水果、有機飲品堆放在地上和架上，忠實呈現店主熱愛食材、講究食材的意念。

果汁機就放在客桌椅旁的倉儲門前台上，切水果剝香蕉打汁的過程，一目了然。

店員自在的態度和輕快的應對也是喜歡的理由之一，後來更發現店員不單是對客人說英文，工作人員彼此間的對話也是使用英文。

有趣的是，Milly 點的薑茶飲品，居然是將花茶和新鮮薑塊放入紙製茶袋，再跟著一杯熱水送上，讓客人自行沖泡。

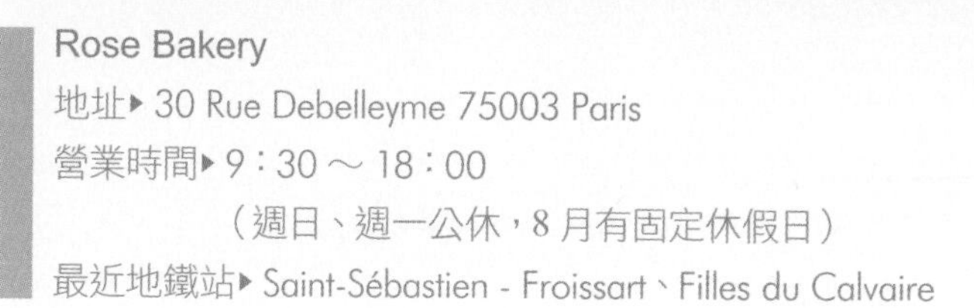

Rose Bakery

地址▶ 30 Rue Debelleyme 75003 Paris

營業時間▶ 9：30～18：00

（週日、週一公休，8 月有固定休假日）

最近地鐵站▶ Saint-Sébastien - Froissart、Filles du Calvaire

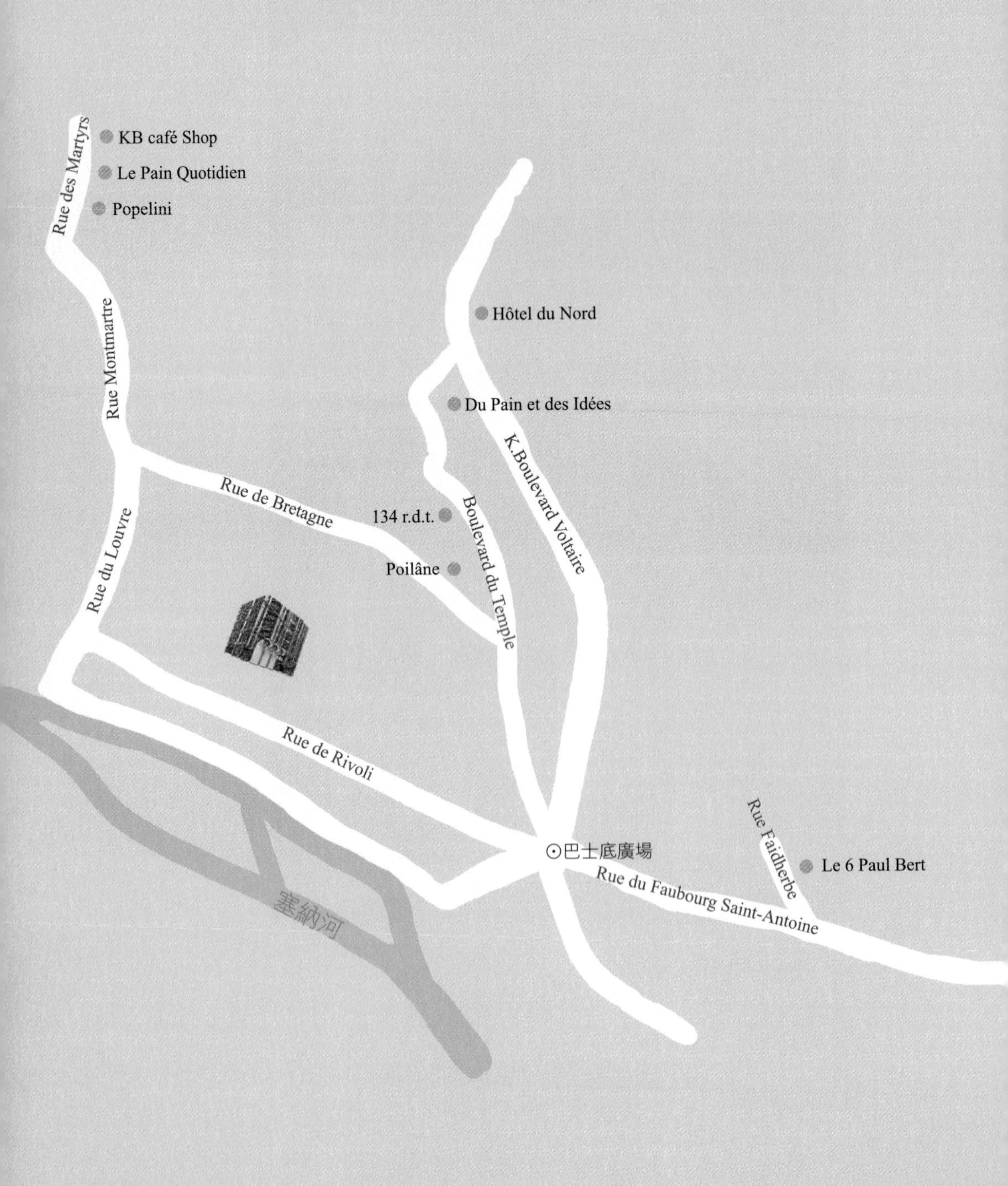
Rue des Martyrs
KB café Shop
Le Pain Quotidien
Popelini
Rue Montmartre
Hôtel du Nord
Du Pain et des Idées
K.Boulevard Voltaire
Rue de Bretagne
134 r.d.t.
Boulevard du Temple
Poilâne
Rue du Louvre
Rue de Rivoli
Rue Faidherbe
⊙巴士底廣場
Le 6 Paul Bert
Rue du Faubourg Saint-Antoine
塞納河

Chapter 7
各自精采各自美好

以鄉村大麵包人氣的 Poilâne Cuisine de Bar

新的 VS 舊的、帶著奢華風的法國精緻料理 VS 健康志向的有機簡餐、數百年看盡風華的左岸咖啡店 VS 新咖啡潮流下的精品咖啡屋，各自精采、各領風騷，愉悅在其中讓旅途更豐富。

已然確認巴黎的巷弄街道隱藏著風格咖啡屋、雜貨屋和風味餐廳，Milly 才會重燃信心去挑戰原本已經失去興致的地方。

住宿瑪黑區的第二個早晨，Milly 丟下迷戀 Auberge Flora 早餐的其他三人，一個人走去位在 Rue de Bretagne 彎進去小路 Rue Debelleyme 上，以鄉村麵包馳名的 Poilâne Cuisine de Bar，享用麵包三明治早餐。

Poilâne 是位在巴黎左岸 Saint-Germain-des-Prés 區內的老舖麵包屋，以鄉村麵包（Pain de campagne）馳名。Poilâne 稱這招牌鄉村麵包為 Michel Poilâne，一個有時重達兩公斤。

不是那麼樂意排隊的巴黎人也甘願排隊來買這裡的麵包，甚至不少餐廳還會註明餐廳內使用的麵包是來自 Poilâne。

Poilâne Cuisine de Bar 是這老舖麵包屋附設的餐廳，招牌餐點是近年來巴黎頗為盛行的 tartine。tartine 法文是「塗抹」的意思，原本是將麵包切開抹上奶油、果醬，現在則又衍生為是將麵包切開，將料鋪放在上面，也就是英語系國家所說的 open sandwich 開放三明治。

二〇一三年 Poilâne 麵包舖在北瑪黑區開了分店，Milly 前去的正是這間分店。

雖然北瑪黑的分店規模比左岸的分店小，但格式卻幾乎是一樣的，同樣附設有 Poilâne Cuisine de Bar。

Milly一早興致勃勃前去，目標當然是早就想吃吃看的法式open sandwich。

可是等三明治端上桌，嗯～怎麼是熟悉的三明治模樣，一點都不OPEN。

以招牌鄉村麵包做出的鮭魚三明治早餐的確是不錯吃，可是跟期待的模樣不符合，老實說還真是難掩沮喪。中間到底出了什麼差錯，至今還是個謎。早知道應該不怕丟臉的，直接拿雜誌上的圖片給店員看，如此就不會點錯了。

此外刻意點的CAPPUCCINO（卡布其諾）也跟熟悉的模樣不同，上面灑上了巧克力薄片。

同樣不至於難喝，可是就是有些違和感。

好在放在CAPPUCCINO旁的湯匙形狀餅乾，卻是大大好吃。吃完後意猶未盡，還特別到一旁的Poilâne麵包屋內，買了一盒同樣的湯匙餅乾回去。

這湯匙餅乾的名稱是「Punition」，吃入口中有濃濃麥子和奶油香。

法文是「處罰」的意思，傳聞是法國老奶奶總會在處罰調皮小孫子的同時，又在他們手上塞入這樣的奶油小餅乾，因此才稱這餅乾為Punition。

Punition一般多是做成圓形餅乾模樣，Poilâne除了圓形的Punition餅乾外，也做了湯匙形狀的Punition餅乾，如此放在咖啡杯旁就更多了些趣味。

Poilâne
地址▸ 38 Rue Debelleyme 75003 Paris
營業時間▸ 8：30～22：00（週一公休）
最近地鐵站▸ Filles de Calvaire、Oberkampf

重回愛蜜莉的憧憬世界

回想起來對於巴黎印象的轉折點，正是二〇〇一年上映風靡全球的法語片「愛蜜莉的異想世界」，若不是這部電影的影響，Milly 可能在第一次以背包客身分完成巴黎觀光體驗後就不會重遊巴黎。那年帶著「愛蜜莉的異想世界」的憧憬前去巴黎時，重點放在聖馬丁運河愛蜜莉打水漂的地方，另一個電影重要背景的蒙馬特區，則在之後冬日旅行時一早去到的聖心堂。多年後對愛蜜莉電影依然殘留著未完成的任務，就是前去愛蜜莉工作的咖啡屋吃焦糖布丁。

可是要實現這任務就必須前去惡名昭彰、騙術猖狂的蒙馬特區，光是想到要如何一人前去，又能全身而退就意興闌珊。

最後激勵勇敢前去的關鍵除了愛蜜莉最愛的焦糖布丁，再來就是位在蒙馬特山丘下的風味咖啡屋「KB Café Shop」以及所屬的 South Pigalle（南皮加勒）區域。

前往蒙馬特區的過程依然不能放鬆心情，很不巧地換車經過北站時，目睹警察處理的事件現場，一人似乎被砍傷手臂才剛被抬上擔架。過度緊張情緒下，突然覺得之後車廂的每一個人都心懷不軌。

好在選擇在 Blanche 地鐵站下車，意外得以相對愉快地完成愛蜜莉的迷你朝聖之旅。

出了車站沿著坡道走個三分鐘，很快就發現了雙風車咖啡館 Café des 2 Moulins，等了一會兒才好不

容易擠到一個座位，毫不猶豫地點了咖啡配上焦糖布丁「Goûter d'Amélie」，目光還不時飄向愛蜜莉的大頭照。

說老實話，雖說能在電影的實景內，模仿愛蜜莉將焦糖布丁用湯匙敲碎後來吃的過程是幸福的，可是多年後終於實現的「在愛蜜莉工作咖啡屋吃焦糖布丁」願望，依然難免被咖啡屋內的擁擠以及過度商業、觀光聖地化的氣氛給糟蹋，但是不到此一遊，日後多久都還是會掛念，達成任務還是心滿意足。

時尚風情的型男麵包屋 Gontran Cherrier

願望達成的虛脫和莫名的失落感，沒多久就被蒙馬特改變中的美好給取代。

從 Café des 2 Moulins 離開後，沿著 Rue Durantin 坡道往上爬，之後從坡道轉入一旁的 Rue Caulaincourt 緩坡路，在街角位置有間在東京、新加坡擁有多間分店的麵包屋「Gontran Cherrier」（簡稱 GC），麵包店的店名正是老闆的名字。

敢在麵包店激戰區的蒙馬特開店，自然是有其一定的自信。

Gontran Cherrier 是烘焙屋世家出身，擁有三星餐廳和多國修業經驗，二十七歲開了自己的第一間麵包店，除此之外出版了多本麵包料理書，更是電視料理節目的主持人。

巴黎麵包界天之驕子的型男 Gontran Cherrier，抱著要將巴黎麵包糕點文化發揚世界的野心，同時將多國文化體驗發揮，勇敢嘗試東西口味融合的麵包口味，像是黑色墨魚麵包、紅味噌麵包等。不過最基本的可頌和法國長棍麵包，還是以絕對的品質和美味來獲得巴黎人認同。

Gontran Cherrier 出其不意的創意，在店舖裝潢也可窺看到，天花板是現代圓點圖案，點心櫃刻意加長延伸，店內播放著爵士音樂。

店內有面向街道的用餐座位，Milly 點了黃色麵包的漢堡、黃色瓶裝圖案的蘇打水和黃色芒果口味的超級好吃米布丁，在色彩鮮豔的店內就想品味色彩光鮮的午餐。

Gontran Cherrier
地址▶ 22 Rue Caulaincourt 75018 Paris
營業時間▶ 7：30 ～ 20：30（週日～ 19：30、週三公休）
最近地鐵站▶ Blanche、Abbesses

吃了美味麵包午餐，繼續沿著石板路坡道往山頂的聖心堂前去。

是絕對不會迷路的路徑，只要以高聳的聖心堂為目標。

不少觀光團體會選擇從聖心堂正面的坡道上去，更多時候還為了節省體力，搭乘電動手扶梯登上山丘。不過 Milly 私下更推薦從 Blanche 地鐵站下車後，再從 Rue Durantin 慢慢爬著緩坡散步前往山丘頂上聖心堂的路徑。

如此一方面可以避開擁擠喧鬧的人潮，更可以一路逛逛小店、喝喝咖啡、穿越攀爬葡萄藤花園的小徑來到聖心堂。

之後再順著坡道下去，如此體力上也舒緩得多。

前回來到聖心堂是十二月冬季，八點後才天亮的上午。

聖心堂在上午九點依然瀰漫在薄霧中，四周遊人零零落落，可以悠閒地坐在階梯上仰望神聖聖心堂和俯瞰巴黎街景。可是這天是五月驕陽好天氣，聖心堂滿是喧嘩擁擠的觀光團、人潮，於是 Milly 幾乎是逃一樣地離開那混亂，只想保留心中殘留的冬日聖心堂莊嚴肅穆記憶。

巴黎BOBO族的消費聖地

從山丘上的聖心堂走去山丘下「Abbesses」和「Pigalle」地鐵站之間的Rue des Martyrs街道，之後從「KB Café Shop」開始一路走到「Notre-Dame-de-Lorette」地鐵站附近的Notre-Dame-de-Lorette教會為止，沿路有著豐富的店家讓好奇心持續沸騰著。

Pigalle（皮加勒）地區位在蒙馬特和歌劇院間，對很多人來說依然陌生的區域，實際卻是對新事物敏感、懂得享受卻不奢華、著重身心修為、以健康為志向的巴黎BOBO族的消費聖地。尤其是隨著「Rose Bakery」在Rue des Martyrs街道商機，更多同質性咖啡屋、糕點舖在此開店，加上原本的傳統老舖，讓Rue des Martyrs街道已然是巴黎數一數二的美食街道。

PARIS
TRAITEUR
le Grand Jeau
CHARCUTERIE
Boulangerie
Epicerie Fine
TERRA CORSA
Produits Corses
42

清新健康的 KB Café

KB Café Shop 座落在 Rue des Martyrs 與 Avenue Trudaine 交會，面對小廣場的三角街口上，店前擺放的露天座椅、咖啡色遮陽棚和竹葉是咖啡屋的辨識標誌。

進入天井很高的店內，可以看見堆疊著的水果箱、有機咖啡豆和一整個牆面的咖啡道具。習慣上此時會直覺點咖啡來喝，可是眼見大家桌上擺放著青菜沙拉和以青菜為主的簡餐，就突然想到這間咖啡店最具特色的是北歐風的現搾果汁，於是在店員的指引下，用破英文點了柳丁、香蕉和葡萄柚的綜合果汁。

等在木桌前坐下時，櫃檯剛好傳來果汁機啟動的聲音，如此端上的果汁自然是新鮮清涼解暑氣好喝。

店主本來是網球教師，二十多年前頂下這間咖啡屋經營至今。

他延攬了具有營養、花草醫療研究資格的瑞典女廚師，因此這裡的有機餐點也同樣人氣。不過多少有些後悔當日該加點咖啡才是，畢竟後來發現店內還販售著熟悉 LOGO 的英國冠軍咖啡豆。

環看店內交談的人不很多，大家各占一角，有的似乎在苦思著報告、有的自顧玩弄著手機，貌似觀

光客的人不多，附近居民占多數。

咖啡屋家具用得不是很精緻，甚至連櫃檯都是很簡陋地以木材拼湊，卻是讓人非常放鬆的空間，是為了能擁有這樣的日常生活動線而租房子在附近的咖啡屋。

KB Café Shop
地址▸ 53 Avenue Trudaine、62 Rue des Martyrs 75009 Paris
營業時間▸ 7：30 ～ 18：30（週六、週日 9：00 ～ 18：30）
最近地鐵站▸ Pigalle

因躲雨而邂逅 Le Pain Quotidien

之後 Milly 來到 Rose Bakery 本店購買有機花茶，只是才出了店門就遭遇突如其來的大雨，Rose Bakery 本店已經準備關店，於是衝入同條街上的咖啡屋「Le Pain Quotidien」躲雨兼喝咖啡。

本店開在比利時的 Le Pain Quotidien，不時能在巴黎的街頭看見，是在世界十九個國家有分店的連鎖有機麵包簡餐咖啡屋。

店名 Le Pain Quotidien 是「日日的糧」，每日麵包的意思，希望客人能抱持著感恩的心境，來享用每天理所當然的麵包，店家則以同等的心境來烘焙天然酵母發酵的麵包。

小小的歐蕾碗是它的招牌餐具，店內寬敞走清爽的自然風。

一個人的話可以在大木桌選擇位置坐下，觀察著巴黎人生活片段。店內同時販售著有機果醬、麵包、橄欖油，其實不僅是食品類講求有機，老闆連家具、餐具都重視環保，盡可能使用可以回收素材。

Le Pain Quotidien
地址▸ 54 Rue des Martyrs 75009 Paris
營業時間▸ 8：00～22：00
最近地鐵站▸ Pigalle

QUICHE DU JOUR
Vins Bio
POST
POST

@LPQFR

LE PAIN QUOTIDIEN

Popelini
戴著帽子的小泡芙

透過 Popelini 櫥窗看見一個個以玻璃鐘罩蓋住的迷你版泡芙，這裡的泡芙點心非常可愛，像是戴上不同顏色糖霜帽子的小精靈一樣。

明明是泡芙卻彷彿是馬卡龍一樣地精緻，讓人忍不住就買了回去品嘗。

只買了一個，沒走到地鐵站就吃掉了。一口吃下去口中融合著內餡、糖霜和酥皮的滋味，甜度算是適中。

店名 Popelini 取自十六世紀發明泡芙的皇家點心師傅名字，不同的季節會推出不同口味的限定版。店內用了很多螢光粉紅，符合兩位女子點心師傅的形象。

Popelini 店舖首先開在北瑪黑區，Pigalle 分店空間較小，不過一樣是用了很多粉紅色。

Popelini
地址▶ 44 Rue des Martyrs 75009 Paris
營業時間▶ 11：00 ～ 19：30（週一公休）
最近地鐵站▶ Pigalle

Milly 只是點出幾間好奇且有機會入內消費的店家，其實沿路上除了蔬果攤、鮮魚攤、肉販外，更有果醬專門店「La Chambre aux Confitures」、販售稀有南法島嶼食材的「Terra Corsa」、得過法國最佳棍子麵包大賞的麵包屋「Arnaud Delmontel」、精品巧克力店「Henri Le Roux」，整條街彷如法國美食的小型博覽會。

Milly 是從 KB Café Shop 的街口一路逛下來，也可以反方向從 Notre-Dame-de-Lorette 地鐵站下車，經過有如聖殿般的教堂，從 Rue des Martyrs 街口一路逛去 KB Café Shop，之後再這樣繼續遊覽聖心堂。

循著麵包、咖啡香
探訪愛蜜莉運河風景

早晨起來還是陰雨天，可是午後天氣突然放晴，看看地圖估算從住宿的北瑪黑區走去 République 共和廣場，再繞去愛蜜莉電影最喜歡一幕的聖馬丁運河（Canal Saint-Martin），應該是體力可以負荷的路徑，於是就帶了把預防陣雨的大傘出發去。

只是光是重溫愛蜜莉電影中的畫面又未免單調，於是規劃了往返路經兩間評選大賞麵包店的路徑。

循著住在 Citadines Bastille Marais Paris 散步瑪黑區的一貫路線，先是走到 Merci 之後順著 Boulevard des Filles-du-Calvaire 街道，經過 Filles du Calvaire 地鐵站，一路往 République 地鐵站前去。在到達 République 共和廣場前，轉進 Rue de Turenne 上就可以發現，開店期間必定有人買了麵包出來的麵包屋「134 r.d.t.」。

MARCEL

創造自己奇蹟的小麵包屋 134 r.d.t.

麵包店的店名直接取自地址的縮寫，店面不大也毫不起眼。可是店頭櫥窗上顯示得過的大小麵包評選大賞，探頭進去看到玻璃櫃的糕點和櫃檯後架上的麵包都非常誘人。二〇〇九年這間無名的小麵包店，得到了巴黎長棍麵包第九名的成績，二〇一三年更是奇蹟似地得到巴黎可頌評選的第二名，奠定了「134 r.d.t.」在麵包店多如繁星巴黎中的地位。

話雖如此，巴黎人跟日本人最大的不同是，巴黎人還是會選擇靠近住家的好吃麵包屋，不像日本的麵包迷會越區刻意為一間麵包店遠行。那天 Milly 沒買頗受好評的長棍麵包也沒買可頌，而是買了瞬間迷到的草莓派，計畫帶到聖馬丁運河野餐去。

134 r.d.t.
地址▶ 134 Rue de Turenne 75003 Paris
營業時間▶ 7：30 ～ 20：30（週六、週日公休）
最近地鐵站▶ Filled du Calvaire

小心翼翼拿著用紙袋包裝的草莓蛋糕，走回大馬路上的目標 République 共和廣場。

République 共和廣場比預期的更要混亂，沒多滯留快步轉入 Faubourg du Temple 街道、再從 Quai de Valmy 往運河方位前去。

怕手上的草莓派分解，一到達運河畔，二話不說，先學著巴黎人趁著天氣正好，坐在低矮的鐵欄杆上野餐。只是很明顯的，巴黎人挑選的是陽光照射的地方，Milly 則是盡可能選擇樹蔭下。配著礦泉水吃了好吃的草莓派後，貪戀著那天運河畔的藍天好風景，就決定不如繼續找間河畔咖啡小歇發呆。

聖馬丁運河近年來多了不少個性派的咖啡屋，像是紐約風的「Sesame」、倫敦風的「Ten belles」。另外還有視野絕佳運河拱型鐵橋就在眼前的「La Marine」、小酒館風情的「Chez Prune」。可是那天一心想以電影為主題，就選擇了最靠近「愛蜜莉的異想世界」電影中，愛蜜莉心情一不好，就會去打水漂的運河畔咖啡屋「Hôtel du Nord」（北方旅館）。

在Hôtel du Nord故事中喝杯濃醇咖啡

聖馬丁運河充滿著電影元素，除了「愛蜜莉的異想世界」，二〇一一年美國出品的浪漫愛情電影「真愛挑日子」（One Day），也以聖馬丁運河作為擁吻的背景。

至於Hôtel du Nord更是法國知名導演Marcel Carne執導，一九三八年上映「Hôtel du Nord」電影的故事背景和場景。電影的故事有些悲情，客棧本身的故事也頗有波折。

曾經有建商買下這老旅店企圖改建，所幸在有力人士的周旋下才能保住Hôtel du Nord的門面。從一九九五年起以咖啡屋形式經營，很溫馨的傳聞是，現在的老闆是導演Marcel Carne的助理，也在「Hôtel du Nord」電影中有戲份演出。

點了杯咖啡選在露天座位小歇懷想，能這樣坐在Hôtel du Nord斗大的字樣下，眺望著眼前運河綠蔭和船閘小橋，足以收藏在旅途上小確幸的檔案中。

Hôtel du Nord
地址▶ 102 Quai de Jemmapes 75010 Paris
營業時間▶ 12：00～15：00 / 20：00～24：00
（Café是9：30～13：30）
最近地鐵站▶ République、Jacques Bonsergent

在聖馬丁運河漫步時，可能會被牆面塗成亮眼螢光粉紅、粉黃、粉綠三間連續店面吸引，原來都是走可愛浪漫風情的法國品牌Antoine et Lili的店舖。

Milly則是被另一間色彩耀眼的Bensimon店面給勾引，難得地開始在採購茶品、雜貨、鵝肝醬以外，選擇Made In

France的流行產品。

Milly是帆布包、帆布鞋愛好者，巧遇法國國民鞋之稱的帆布鞋專賣店，自然不會放過機會添購。

有趣的是這帆布鞋同樣跟電影有關，茱莉亞蘿勃茲在電影「享受吧！一個人的旅行」中，就穿著這帆布鞋到處遊走。

身上莫名地多了三雙帆布鞋重量，但還是不能放棄路線上最後目的，穿過Rue de Marseille街道，來到跟運河平行的Rue Yves Toudic街道，探訪麵包店「Du Pain et Des Id ées」。

國寶級店鋪的麵包屋 Du Pain et Des Idées

Du Pain et Des Idées於一八八九年開業，卻一度瀕臨破產，直到被現任老闆買下後才重新開業，不但如此，還獲得法國美食雜誌Gault Millau的二〇〇八年度最佳麵包店的好評推薦。

現任老闆Christophe在重現老舖麵包風味同時，也能珍惜這老舖麵包店的輝煌過去，改裝時保留華麗的彩繪天花板和玻璃鏡面，企圖營造出二十世紀初期殘影的懷舊風情麵包屋。於是這裡除了可以買到好吃麵包外，還能窺看到一百多年前的麵包屋風貌。

Milly買了一個造型很獨特的可頌，看見店外有張木桌椅就迫不及待地坐下來享用。依然帶有溫度的可頌，皮酥內軟、入口是迷人的奶油香，好好吃呢。

陶醉在美味中時，看似也是慕名而來的女子，拿了剛買的麵包同樣在桌前坐下享用。兩人一嘴麵包地彼此互看，會心一笑。

Du Pain et Des Idées
地址▸ 34 Rue Yves Toudic 75010 Paris
營業時間▸ 7：00～20：00（週六、週日公休）
最近地鐵站▸ Jacques Bonsergent

LES PLUS HAUTES RÉCOMPENSES
LEFEVRE-UTILE
NANTES
GRANDS PRIX · PARIS 1900
BOULANGERIE
Du Pain & Des Idées
NIFLETTES
(crème pâtissière à la fleur d'oranger sur pâte feuilletée, une spécialité de Provins)
4,2€ les 10
2,1€ les 5

巴黎最後的夜晚，以美味畫下美好句點

巴黎假期的最後一晚，前去位在巴士底 11 區，靠近地鐵站 Faidherbe - Chaligny 的 Bistrot「Le 6 Paul Bert」。此行的四個女子加上 JoJo 旅居巴黎擔任導覽的朋友，在愉悅氣氛中享用美味晚餐。

Rue Paul-Bert 是巴黎近年大受注目的老饕美食街道，「Le 6 Paul Bert」的老闆 Bertrand Auboyneau 先是在這裡開了「Bistrot Paul Bert」，之後又開了以海鮮料理為主的「L'Ecailler du Bistrot」、以肉品料理為主的「Le 6 Paul Bert」。

在一條短短的街道，連續開設三家不預約吃不到的人氣餐廳，可見老闆的經營實力和對美食獨到的眼光。

Bertrand Auboyneau 原是銀行投資顧問，因工作走遍世界享用各地美食。

之後為了能多留在妻子身邊，加上妻子家族是食材供應商的背景，於是萌生開一間能藉由美味的食物，聯繫人與人之間親密關係的 Bistrot（法式小酒館）。一介商人多麼懂得吃，要開餐廳還是難免吃盡苦頭。好在 Bertrand Auboyneau 跟「Bistrot 教父」之稱的 Picquart Michel 請益，又遇上後來成為好搭檔的主廚 Thierry Laurent，才讓餐廳經營步上軌道，同時奠定了系列餐廳價錢合理又美味的名聲。

事實上，Milly 在選擇 Le 6 Paul Bert 預約用餐時，根本不熟悉餐廳背景，只是被日文雜誌巴黎專題中對這餐廳「提供自然派酒品」、「自信的肉料理」、「晚餐三道菜＋甜品 44 歐元」的介紹給吸引，直覺地以為一定是不會令人失望的餐廳，好在這直覺沒有失誤，體驗後的心得是，用餐空間、氣氛、服務和料理都幾乎是滿分。

BISTROT
6
PAULBERT
RESTAURANT
LE6PAULBERT
01 43 79 14 32
6
PAULBERT
EPICERIE
CAVE
CHARCUTERIE

高挑的大理石柱配上以餐具設計的摩登照明燈，融合了古典和現代。

門邊是豐富藏酒的酒吧，侍酒師很專業，即使是單點杯酒也會親切地給予建議。

餐廳不是太寬敞，但在裡側還是設置了開放廚房。

客人因此能就近窺看調理過程，讓人驚訝的是，即使開放廚房如此貼近用餐餐桌，卻絲毫聞不到油煙味也不會感到熱氣騰騰。

餐桌跟餐桌間幾乎沒有距離，甚至有錯覺自己正置身在一個歡愉的家庭 PARTY 中。

當晚的菜單可以各從三種前菜、頭盤、肉料理和甜品中擇一，因為幸運地有法文流利的專業導覽同桌，可以相對更掌握菜色，於是那天 Milly 非常滿意地點了裝盤漂亮，點綴著鮭魚卵的生魚前菜、奶油燉煮季節白蘆筍、放了黑松露的入口即化、鮮嫩甘美的小牛肉、莓果點心，最後的咖啡配上老闆附送的迷你可麗露。

每一道菜都是扎實的家常美味、每一道菜都漂亮得讓人食慾大增。

「Le 6 Paul Bert」主廚是 Louis-Philippe Riel，根據每日不同季節的採購做出當日的菜色，因此菜單是每日更換的。

如此的一餐 44 歐元，只能說物超所值，難怪晚餐都至少提前一週前預約。

午餐預算是 17 歐元起，一般來說午餐即使不預約，能入內用餐的機會較大，晚餐則建議一定要提前預約。

Le 6 Paul Bert
地址▶ 6 Rue Paul-Bert 75011 Paris
營業時間▶ 12：00 ～ 14：00、19：30 ～ 23：00
（週六、週日和週一的午餐公休、8 月有休假）
最近地鐵站▶ Faidherbe - Chaligny

從長巷這端看去
悠然的巴黎鐵塔

結束巴黎假期的離開當日，
上午四人一起前往南邊較小規模也相對治安良好的
梵維斯跳蚤市場（Marché aux Puces de Vanves）。

之後在前往機場之前，
Milly 脫隊搭乘從南到北貫穿巴黎市的「95」號巴士，
到了接近市中心區後，
再轉搭 8 號地鐵線於「 LA TOUR-MAUBOURG」下車。

通過沿街一間間熟食屋、餐廳、露天咖啡座連結的美食街道「Rue Cler」，
最後目標是位在 Rue Monttessuy 的美味餐廳「 Au Bon Accueil」。

只是來此不是用餐，而是風聞這餐廳隱身的 Rue Monttessuy 巷道內，
可以看見美麗的艾菲爾鐵塔。

記憶假期尾聲的，不是從喧囂熱鬧正面廣場看去的巴黎鐵塔，
而是從長巷的這端看去悠然模樣的巴黎鐵塔。

悠然尋覓引發好奇和愉悅的巴黎私路徑，
是多年後再遊巴黎前和之後確認的態度。

下次再來巴黎是幾年後呢？
期望下次再遊巴黎時，能以更純熟自若的姿態，
自在餘裕於巴黎以深厚歷史滋養的活力蛻變中。
Au revoir, Paris ！

國家圖書館出版品預行編目資料

Milly 的巴黎日常 / Milly 著 .-- 初版 .--
臺北市：平裝本．2015.02 面；公分
（平裝本叢書；第 408 種）（iDO；77）

1. 遊記 2. 法國巴黎

ISBN 978-957-803-945-2（平裝）

742.719　　　　104000643

平裝本叢書第 0408 種
iDO 77

Milly 的巴黎日常

作　　者—Milly
發 行 人—平雲
出版發行—平裝本出版有限公司
台北市敦化北路 120 巷 50 號
電話◎ 02-2716-8888
郵撥帳號◎ 18999606 號
皇冠出版社（香港）有限公司
香港上環文咸東街 50 號寶恒商業中心
23 樓 2301-3 室
電話◎ 2529-1778　傳真◎ 2527-0904
責任主編—龔橞甄
責任編輯—張懿祥
美術設計—程郁婷
著作完成日期— 2014 年 11 月
初版一刷日期— 2015 年 2 月

法律顧問—王惠光律師

讀者服務傳真專線◎ 02-27150507
電腦編號◎ 415077
ISBN ◎ 978-957-803-945-2
Printed in Taiwan
本書特價◎新台幣 380 元 / 港幣 127 元